独裁が生まれた日

習近平と虚構の時代

大熊雄一郎

白水社

独裁が生まれた日——習近平と虚構の時代

装幀＝藤井紗和
組版＝鈴木さゆみ

独裁が生まれた日＊目次

序章　毛沢東が死んだ日

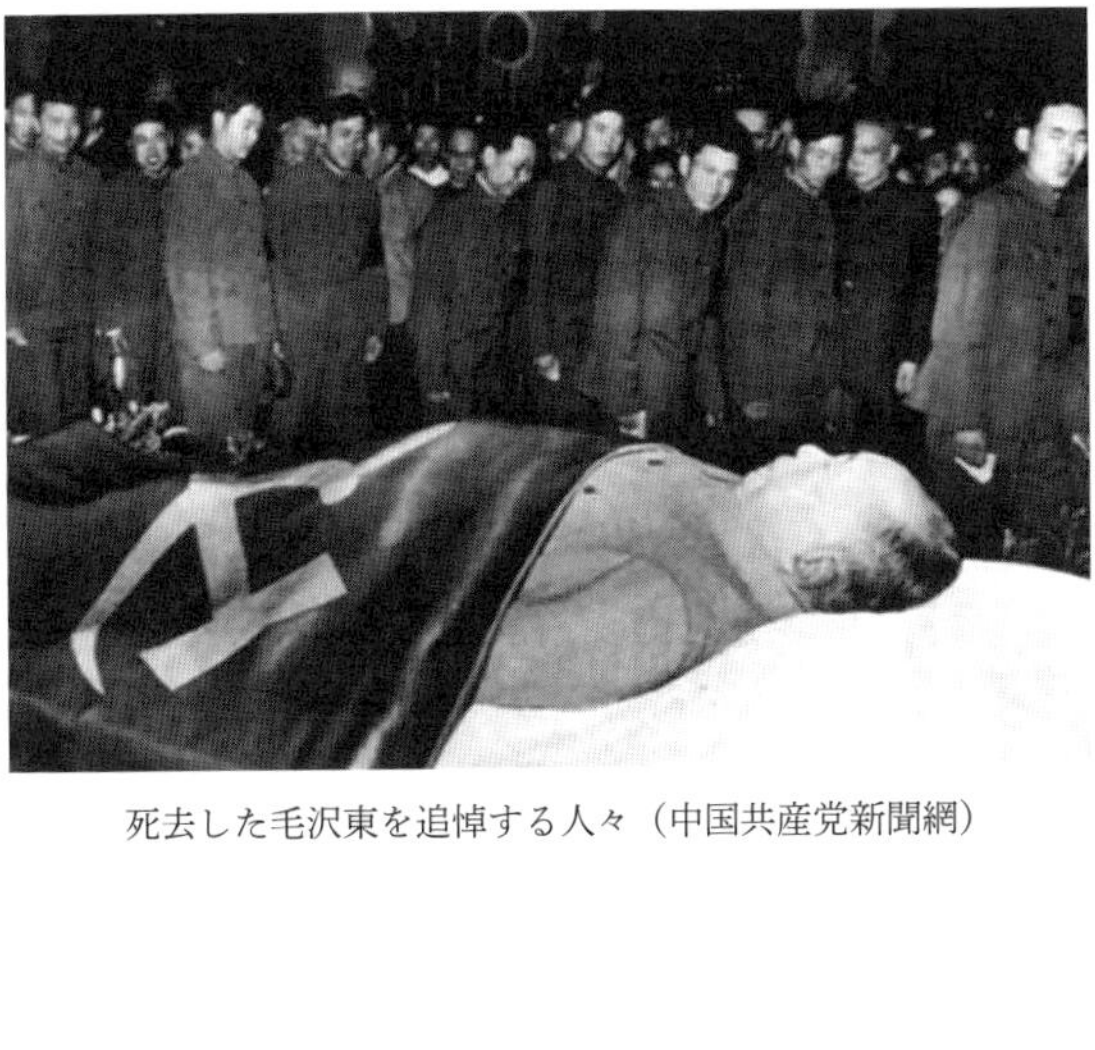

死去した毛沢東を追悼する人々（中国共産党新聞網）

どれほど強大な権力者にも、死だけは平等に訪れる。

中国で確固たる独裁体制を築いた毛沢東が八十二歳でこの世を去ったのは一九七六年九月九日午前零時十分、木曜日のことだった。

中国共産党の指導者たちは毛の遺体に深々とお辞儀をして哀悼を捧げた後、夜を徹して遺体保存などの問題を協議。毛の最側近の一人、華国鋒・党中央第一副主席をトップとする葬儀委員会を立ち上げ、党・政府の主要機関や地方政府幹部らに訃報を極秘情報として知らせた。

独裁者の死は権力の均衡が崩れ、中国政治が極めて不安定な状態に入ったことを意味していた。現に、毛の妻、江青は毛の後継者の地位を虎視眈々と狙っていた。自身が皇帝となることを夢見ていた江青は、その根拠を掘り起こすため、毛が残した文書を掌握しようと目をぎらつかせていた。

毛は権力闘争のために群衆を煽動して大規模政治運動「文化大革命」を発動し、国を大混乱に陥れた。江青は運動に積極的に介入することで存在感を誇示。毛の威光を悪用し、次々と冤罪をでっち上げて敵と見なした人物を粛清した。そんな江青を、大衆は悪女として蛇蝎のように嫌っていた。

中国憲法に、国家の最高権力の交代手続きに関する明文規定はない。また毛は自身の権力が分散して弱まることを恐れ明確な後継指名をしていなかった。自ずと、空席となった最高指導者のポストを巡るルールなき闘争が勃発する。江青グループが不穏な動きを見せる中、軍は毛の死の八時間後に「戦闘準備」態勢に入った。

党の記録によれば、同日午前五時、指導部を構成する政治局は夏から密かに用意していた毛の訃報草案を採択し、午後四時に国内外に向けて公表することを決定した（中国共産党新聞網「1976年9月悼念毛沢東紀実」）。

共同通信の北京特派員は当時の首都・北京の様子を次のように伝えている（一九七六年九月九日配信）。

中国の赤い星落つ―。毛主席の死去はすべての中国人民に計り知れない衝撃を与えている。「毛主席が…。毛主席が…」。市民のだれもが涙を隠さず、絶句したままだ。ことしに入って周恩来、朱徳両氏の相次ぐ死を必死に耐えぬいてきた中国人民だったが、毛主席の突然の死は、こん棒で横殴りにあったあとのような虚脱感を生んでいる。

毛主席の死去の悲報は九日午後四時（日本時間同五時）の特別放送を通じて全国人民に知らされた。それより一時間前からラジオは「重要放送」の予告をしており、北京市民の多くはラジオに群がって放送を聞いた…

中国に「号喪」という言葉がある。死者を弔うために泣きわめくことを指す。「号」には、声は出ているが涙が流れていない、気持ちが込められていないとのニュアンスがある。当時、毛の権威は絶対的で、批判めいたことをほのめかすだけでも重罪と見なされた。大声で泣きじゃくることはいわば自己保身でもあった。しかし一介の外国人記者が中国人民の涙の真偽まで見分けることは困難だったに違いない。

高揚感

北京市文化局の「毛沢東思想学習班」で文芸を教えていた三十二歳の高瑜（後に国際派ジャーナリスト、鄧小平、江沢民、習近平の体制下で三度投獄）はその日、職場から帰宅し、四歳の息子と共にラジオで毛の訃報に接した。

高瑜は当時最難関大学だった中国人民大で文芸理論を専攻。在学中、映画局に配属され毛沢東と忠誠を誓う若者「紅衛兵」の接見の映像編集を任され、「偉大な領袖、毛主席」などと字幕を付けた。この時代の多くのエリートと同じように、毛の個人独裁の担い手の一人だった。

しかし「偉大な領袖」の悲報に触れても心は渇いていた。涙は出ず、悲しみもなかった。軍人の夫は林彪事件（毛の後継者だった党の林彪副主席がクーデター計画に失敗し逃亡を試みたとされる事件）に巻き込まれ、反革命のレッテルを貼られていた。「人民に奉仕する」ときれい事を並べながら権力闘争に明け暮れる党の茶番に嫌気が差していた。

毛が死んだ日の夜は普段通り食事を取った。翌日から職場で開かれた追悼大会では涙を絞り出した。「心からの悲しみ」を表現するためには演技するしかなかった。北京の人民大会堂で開かれた追悼大会では何を思ったか笑みを浮かべ、私服警官に逮捕された人もいた。追悼期間中は人々の表情までが検閲対象になった。

高瑜は「悲嘆にくれる市民」を演じながらも、言いしれぬ高揚感を味わっていた。絶対権力者が去ったことで、中国全体を覆う重しが取れ、社会が解放に向かうかもしれない。現に毛の死の数年後、夢見ていたジャーナリストとしての道が開けることになる。

天は崩れず

「明日はもう来ないでしょう。天が崩れました。毛主席が亡くなりました……」

中国内陸部、河南省安陽の山あいにある農村の小学校。休み時間に地域の世話役の老兵が教室に入り、生徒らに毛の死を告げた。顔面蒼白で、日に焼けた目には恐怖の光が浮かんでいた。大人たちの雰囲気に飲まれてすすり泣く人もいたが、十一歳の周世鋒（後に人権派弁護士、習近平体制下で投獄）はいまいち、現実感がなかった。一人の人間が死んで、なぜ天が崩れるのだろう――。

周が育った農村は中国で最も貧しい地域の一つだった。村民は春夏秋用の靴と、冬用の靴の二足しか持っていなかった。だが文化大革命の嵐は辺鄙な寒村にも容赦なく吹き荒れた。学校にはろくな教科書もなかったが、毛主席語録が教材として使われた。生徒たちは授業が終われば「生産隊」に加わり、週に六日間、農作業などに従事することが義務付けられていた。

ある生徒は紅衛兵のまねごとを始め、あぜ道を通せんぼして大人たちが毛主席の言葉を暗唱するまで通行を許さなかった。毛の政敵とされていた鄧小平や劉少奇元国家主席らに見立てたかかしを立て、こん棒やくわで叩く「革命」も行われた。

毛の訃報を聞いた周は村の子どもを集めて「毛主席が死んだのならば、敵たちは戦いを仕掛けてくるに違いない。俺たちは山に潜んでゲリラ戦をやろう」と言った。

村から五キロほど離れた「人民公社」（農村の行政・生産組織）で毛の追悼大会が開かれた。強制参加の村人たちは誰もが涙を流したが、周は「なぜ知らない人のために泣くのだろう」と不思議に思った。

毛の死後も天は崩れなかった。農村は相変わらず貧しかった。文革が終結したことで混乱は収束に向かい、大学入試が再開。周は毛の死から数年後に村を離れ、大学に進学した。

八億人の涙

「毛沢東が死去した翌年、チャイコフスキーの白鳥の湖が北京の街中で聞こえてきたんです。文革時代には西側の文化に触れることはタブーでした。世の中が変わったのだと実感しました」。北京の名門大の学者がこうつぶやいたとき、私は個人独裁の終焉に興味を持った。そしてあの時代を生きた中国の人々に、折に触れて毛沢東死去の日の思い出を聞いた。

一九七六年十月六日——毛の死去の約一カ月後——、江青ら「四人組」は劇的に逮捕され、十年にわたり官界エリートや知識人、政治的な被差別者を迫害した文革は終わった。江青を打ち負かし、最高権力者となった華国鋒もやがて、毛がライバル視した鄧小平との権力闘争に敗れた。

毛の死後（文革後）、混乱に疲れ果てた中国社会には個人独裁を二度と復活させてはならないという強固なコンセンサスが形成されていた。最高実力者となった鄧小平は幹部の終身制を廃止。また経済の立て直しを図るため計画経済を見直し、市場経済を導入する思い切った改革に踏み切った。

思想統制も緩み、海外の映画や音楽も徐々に解禁された。中国が自由で開放的な空気に包まれるのと同時に、毛への個人崇拝は薄れていった。

中国共産党の記載によれば、毛の死去時には「八億の人民が流した涙で豪雨が降った」（「1976年9月悼念毛沢東紀実」）。ただ私の質問に対して「あの日、心から涙を流した」と振り返る人はわずかだった。毛沢東時代の終焉に伴い、社会のあらゆる分野での制限が緩み、結果的に多くの人が「第二の人生」を踏み出すことができたためかもしれない。

個人独裁は終わった。自由で開かれた真の〝共和革命〟を実現する絶好の機会が到来した。毛の死からわずか二年後、中国は改革・開放路線へとかじを切り、政治・経済のダイナミックな修正へと向かう〝新時代〟が幕を開けた。

独裁の亡霊

毛沢東の死去からちょうど三十五年を迎えた二〇一一年九月、私は共同通信の記者として北京の空港に降り立った。その後二度にわたり、計約十年間を特派員としてこの街を拠点に目まぐるしく変わる中国と、それに振り回される人々や世界の動向を必死で追いかけた。

毛という重たい独裁者の死を経済改革や政治体制の立て直しの機会と捉えた中国指導部は、社会主義のイデオロギー色を薄め、対外協調路線を取り、外国からの投資を積極的に受け入れた。中国は二〇一〇年には国内総生産（GDP）で日本を抜き、世界第二位の経済大国に躍り出た。

二〇〇八年の北京夏季五輪を経て中国は世界の〝友人〟になろうとしていた。社会の成熟により、国家という大きな荷物を捨て、一人一人が個人の物語を生きる時代がようやく訪れようとしていた。

二〇一二年に中国共産党トップの総書記に就任し、米国と肉薄する経済大国のバトンを受け継いだ習近平は貧困問題を大幅に改善させ、国民の所得水準は高まった。中国は経済のほか、外交や軍事、科学技術の分野でも国際的地位を高め、国民はかつてないほど自信を深めている。

一方で習は党員、官僚、国民に対する思想統制を強めた。「反腐敗」の名目で政敵を追い落とし、政治資源の多くを自身への権力集中に費やした。個人独裁が大混乱を招いた反省から、鄧小平時代に導入された国家主席の任期制限も撤廃し、二〇二二年には異例の三期目の総書記に続投。長期支配者として君臨している。

政治はビッグデータといった最先端の技術と結び付き、国民への締め付けは強まった。これに新型コロナウイルス対策を名目とした統制が加わり、人類史上例を見ない監視体制がわずか数年の間に築かれた。

こうした現状は、中国の改革派には個人独裁の亡霊が土俵際で息を吹き返したかのような悪夢に映る。この十年余りの間に中国で起きたことは、公的領域の無秩序な拡大であり、果てしない個人の解体だった。

個人が自由な意思や思想、哲学を持ち、意見を公に（時には私的な場でも）発信する機会を制限し、そうした人たちが集まるプラットフォームを奪う。横のつながりを解体した上で党のイデオロギーや党・国家にとって都合の良いストーリーを押しつける。党の世界観を無批判に、喜んで受け入れる人たちにとってはこの社会はユートピアとなり、外の社会はディストピアに映る。

他方、それに抵抗する人たちにとってはこの世界は悲惨で息苦しいものとなり、条件に恵まれた人は海外に移住している。大げさに言えば、人類が体験したことのない速さで個人の解体作業が進むのを目の当たりにしているような気さえする。

本書は、私が新たな独裁が生まれる節目と感じた日や出来事に焦点を当てた。その多くが中国共産党の正史にはもちろん、歴史書や学術書にも記録されることはないだろう。権威主義が先端技術と結び付き、民主主義の衰退と新たな形の独裁体制の台頭への危機感が強まる中、権力がなにげない日常を侵していくプロセスを読者が追体験し、その意味を考えるきっかけを提供できれば幸いである。

第I章　降りかかる権力

習近平国家主席の看板に墨をかけた董瑶瓊
（ユーチューブから動画のこま落とし）

一　独裁者に墨をかけた日

大きな嘘をつき、それを貫き通すためには、無数の嘘を積み重ねなければならない。

中国共産党は息苦しい。明らかに重大な事実を隠している。それは一九八九年六月四日に、北京の天安門広場で人民解放軍が民主化を求める多くの若者を射殺した天安門事件だ。

事件を知らない若者も多く、その記憶は風化したとはいえ、流血を目撃した、あるいは伝え聞いた当事者はまだ健在だ。だが党は、軍がほぼ無抵抗の国民に銃口を向けたことを黙して語らず、「動乱を鎮圧した」と強弁し続けている。

独裁政権がそれを隠し通そうとする強い意志を持つ限り、人々は、少なくとも表向きは事件など存在しなかったテイで生き続けなければならない。毎年六月四日になると、事件の舞台となった天安門広場では厳戒態勢が敷かれ、事件に関連するネットの投稿は削除される。犠牲となった学生らを追悼し、事件を示唆しただけで拘束されることもある。

党はそのときの統治の都合に合わせて世界観を絶えずつくりだし、国民はそれを受け入れる義務を背負わされる。表面上は穏やかでも、触れると大けがをする赤外線が張り巡らされているような緊張感が漂っている。赤外線に触れないよう慎重に歩く人、うっかり触れて自爆する人、それがあると知りながらも突き進む人――。

天安門事件の約四カ月後に、内陸部、湖南省攸《ゆう》県の寒村で生まれた董瑶瓊《とう・ようけい》は赤外線に触れてしまった一人だ。

底辺の底辺

なんなのこいつ、うっとうしい――。

彼女がインターネットで中国共産党トップの習近平総書記を批判する書き込みを始めたのは二〇一七年夏ごろだった。その年の秋には第十九回中国共産党大会が開かれ、習は二期目の総書記に再任された。

一九八九年九月二十六日、董瑶瓊は農家の長女として生まれた。農地の近代化を進める政府の方針で家の土地は収用された。父親は炭鉱作業員となり、母親は広東省へ出稼ぎに出た。董が高校三年のとき、父親が失業。娘の学費を工面しようとして銅のスクラップを違法販売し、禁錮九年の判決を受けて投獄された。

大学進学を諦めて上海で職を探した。弟を養うためでもあった。高校を中退したためか、身分証には「文化程度、小学生」と記され、定職探しは難航。節約のため路上で眠る日が続いた。面接では大卒と偽った。自分の経歴がいらだたしかった。

政治には何の関心もない。ほかの多くの中国人と同じように、毎日必死に努力して、少しでも多く稼いで家や車を買えればそれでいいと考えていた。

「太子党」と呼ばれる党幹部子弟が牛耳るグループの不動産業者に勤めたことがきっかけで、〝上流階級〟の生態を垣間見ることになった。党のやんごとなき一族と関わりのある彼らはその威光やコネクションを利用して巨額を弄んでいた。太子党の代表格である習が成果を誇る反腐敗運動など偽善にすぎないと知った。

繁栄の象徴である上海と、わが世の春を謳歌する太子党と、小学生レベルの身分証――。農村出身で学歴も人脈もない自分は上海人と同じ土俵にすら立っていない、底辺の底辺を生きている。

「習近平、あなたは国家主席に相応しくない」「直ちに引退してください」。不公正な社会の根っこに独裁政治があるとの思いが募り、交流サイト（SNS）の「微博《ウェイボ》」や「微信《ウェイシン》」で不満をぶちまけた。

最高指導者を名指しで批判したことで、SNSのアカウントはすべて閉鎖された。国内で発信の手段を失ったため、米国の短文投稿サイトで批判を続けた。そんな折、携帯電話の電波が突然途絶え、パソコンがフリーズすることがあり、当局に監視されているのではないかという恐怖と怒りで精神が不安定になった。

独立記念日

二〇一八年七月、董は上司から解雇を告げられた。同月三日、いつものようにツイッターに書き込みをしていると、夜に玄関のドアをノックする音がした。体がこわばり、動悸が激しくなった。このノックが董の運命を変えた。

布団に潜ってもノックの音が頭から離れない。午前三時に起き上がり、ネットサーフィンをすると、今日――七月四日――が米国の独立記念日だと知った。

独立記念日、独立が生まれた日……。それは魅力的な響きだった。一年前から夢想していたあの計画を実行に移すのに相応しい日だと思った。董はその計画のことを「行動芸術」と呼んでいた。

居ても立ってもいられず洋服だんすを引っかき回し、「行動芸術」に相応しい衣装を選んだ。「NEW YORK」と印字されたレモン色のTシャツをつかみ、夜が明けるのを待って家を飛び出した。

計画実行場所の候補は二つあった。一つは、黄浦区にある上海市人民政府。ただ習近平の肖像は高いところに掲げられていた。水鉄砲を購入してみたが、うまくいくか自信がなく、職場近くのもう一つの候補地に決めた。

午前六時四十分、ネット中継を開始した。黒髪をかき上げて小さく深呼吸。

「尊敬するフォロワーの皆さん、こんにちは」「私の後ろに習近平の肖像画があります。私は実名で習近平の独裁専制の暴政に反対する。中国共産党が私に行っている脳内コントロールの圧力に反対する」

董はそう訴えると、習の肖像画が描かれた看板に近づき、顔に墨をぶちまけた。看板には習のスローガン「中国の夢」と記されていた。「私一人で共産党の独裁、暴政に反対する！　捕まえてみたら」。黒く汚れたそれは「行動芸術」の作品に変わった。

董は中継を終えると、少し冷静になった。この後、自分はどうなるんだろう。米国の大使館に駆け込むことを思いつき、上海の総領事館に向かった。しばらく周りをうろついたが、気が変わって帰宅し、布団に寝転んだ。

墨をかけた動画を見返して笑いがこみ上げてきた。「こんなに辱められて、馬鹿なやつ」。楽しくて仕方がなかった。その顔を黒く塗りつぶすことで、この世界に生まれて初めて、主導権を握ったかのような感覚に陥った。生まれて初めて。

激しく戸を叩く音がして現実に引き戻された。ノックの重さが事態の深刻さを物語っていた。怖い。ネットのフォロワーは「そのドアを開けてはいけない！」と叫んだ。だが董は悟った。やってしまったことは仕方がない。分厚い扉を押し開いた。

震える右手

二〇二〇年一月十六日、私は駐在する北京から同僚のカメラマンと共に湖南省長沙に飛び、空港から陸路で同省攸県に向かった。精神疾患の治療名目で病院に監禁されていた董が実家に戻ったと聞き、取材を試みるためだ。

墨をかけた董は上海の公安当局に拘束され、湖南省の病院に収容された。「墨かけ」の動画は、習の強権的な統治手法に対する市民の不満が表面化した象徴的事件として国内外で大きな反響を呼んだ。同じように墨や泥をかけた写真を投稿する人が続出。中国共産党独裁に反対する人たちは七月四日を「墨かけ節」と呼び、毎年この日に米国の中国大使館周辺などで抗議集会を開くようになった。

私は董に、なぜあんなことをしたのか聞いてみたかった。董が住む村から約十キロ手前の地点で、色黒で細身の董の父親と遭遇した。来意を告げると、かなりの動揺を見せながらも、訥々と語り始めた。か細い雨が降っていた。

以下は父親の証言。

娘は神経が混乱しています。あの薬を飲みすぎたんだ。一年半も。

二〇一九年十一月に病院の関係者が娘を村に戻しました。娘はまるで痴呆症のようでした。話しかけると「海外へ行きたい。どこでもいいから」とだけ言って黙りました。あとは何を聞いても「うん」としか言わない。国保（警察の国内安全保衛部門）が来て「外部に何も話すな。何か話せば、おまえの家族は終わりだぞ」と脅されました。今も妻や私を監視しています。

娘は病院で毎日薬（抗精神病薬「オランザピン」）を飲まされました。体全体がむくんで以前とは別人のようです。昔は活発で明るい子だったのに。勉強ができる子で、もちろん頭に問題はありません。精神疾患なんてとんでもない。

なぜ墨をかけたのかは分かりません。でも家族はみな娘を尊敬しています。彼女の勇気、肝っ玉に感服している。ただそのことを口にはできません。今、村全体が政府の脅迫を受けています。政府は娘を家に閉じ込めておくように命じました。理由の説明なんてありません。私は娘を外国に連れて行き、治療を受けさせたい。

娘を責めません。娘をきちんと勉強させてやれなかった自分を責めています。娘の学費を払うために、あんなことをしてしまった（銅くずの違法販売）。自責の念に堪えない。娘が拘束された後、支援を弁護士に依頼したら、私も弁護士と共に二〇一八年八月から一九年十月まで当局に拘束されました。

私たちを見張っているのは地元幹部の共産党員です。娘に罪名はありません。拘束にしろ解放にしろ、何の法的手続きもありません。私は今、毎日を恐怖の中で暮らしています。昨日、脅迫をしてきた当局者に「牢屋にぶち込んだって構わない」と言いました。私は尊厳を取り返したい。

娘が墨をかけた理由が今は分かる。民主、自由、人権のためです。今はその意味が分かります。

当局への恐怖心と、娘の境遇を訴えたいという葛藤からか、父親のたばこを持つ右手は気の毒なほど震えていた。これ以上村に近づけば、警察に拘束されるのは明らかだった。私は感謝の気持ちを伝え、董への春節（旧正月）の手土産を渡し、やむなく引き返した。

「私は正気」

数カ月後、董からある方法を通じて連絡があった。

「あなたと話がしたい。でも報道はしないでほしい。もし私が中国政府に再び拘束されたら、公表してほしい」

董は条件付きで取材に応じてくれた。それから半年間ほどやりとりを続けた。習の看板に墨をかけた日の詳細や動機、幼少期の暮らしぶり、農村出身者がいかに不公正な待遇を受けているか、国営企業の腐敗ぶり、過去の恋愛や離婚のこと――。話題は多岐にわたった。

董は病院から解放された後も当局者に四六時中、監視されていた。党・政府の重要会議が開かれる期間中は、問題行動を起こさないよう再び病院に監禁された。別の都市に出稼ぎに行こうとしても当局が妨害する。実家の近くで買い物に行くぐらいはできるが、事実上の軟禁に近かった。

一度、北京を訪れ、私と待ち合わせをしようとした。が、すぐに地元から追いかけてきた国保に連れ戻された。自分で就職先を見つけることは許されず、習の演説をひたすら書き写す「仕事」を与えられた。

董はため息混じりにこう言った。「中国の監視に死角はありません。携帯電話のすべてのアプリが彼らの監視の手段になるから。形のない監視の恐怖が日々の生活を覆っているのです」

董は二〇二二年の第二十回党大会で、習が三期目の総書記を続投することを恐れていた。過去に習の終身制に反対するとSNSに書き込んでいたためだ。習の長期支配が固まれば、当局が報復措置としてまた「精神疾患」の名目で自分を監禁するかもしれない。

「誰がなんと言おうと、私は精神疾患になったことは一度もありません」。董はいつも、自分が正常であることを必死に証明しようとしていた。ただ「私は正気でしょう?」と聞かれると、いつも返答に窮した。普段の会話に問題はないが、興奮するとしばしば「党が私の脳を直接コントロールして、私に指令を送る」といったことを口にするためだ。

二〇二〇年十一月三十日、董は「勇気を出してSNSに動画を投稿しました。拡散してくださ い」と私に告げた。董は投稿動画で、自身が当局の厳しい監視下にあり、父親と連絡を取ることもできないと涙ながらに告発。「強圧的な監視に耐えられない。(精神が)崩壊寸前」と語り、完全な解放を求めていた。墨かけ事件の後にツイッターを更新するのは初めてだった。

翌日、安否を聞くと「まだ大丈夫」と返事があった。それが最後のやりとりとなった。

関係者によると、董はその直後に病院に監禁された。父親も拘束され、当局の拷問の末に獄死した。

中国の夢

「この国で『中国の夢』を実現する偉大さに比べ、私の人生はずっと軽い。どちらが正気ですか?」。董瑶瓊の声が、「この社会はユートピアかディストピアか」という問いに置き換わり、寂れた商店街の薄暗い光のようにまぶたの奥で明滅している。

董の問いの答えは正直、今も分からない。おそらく大半の中国人にも分からない。

二　パンドラの箱を開けた日

習近平劇場の幕を開けるためには、避けて通れない人物がいる。その人はすらりと背が高く、中国指導部の政治家にしては珍しくハンサムだった。私は北京の人民大会堂で何度か見かけたことがあるが、今はどこにいるのかもよく分からない。

要は、毛沢東(個人独裁)がどう蘇ったのかという話。

敵失の瞬間

中国共産党・政府の最重要機関が集まる首都北京の拠点は「中南海」と呼ばれ、毛沢東ら歴代の指導者も執務してきた。機密性が高く、最高レベルの厳戒態勢が二十四時間敷かれている。外国メディアはもちろん、大半の中国人も足を踏み入れるチャンスはほぼない。

私は試みに、警備を担う武装警察に「東門はどちらですか」と声を掛けたことがある。背の高い屈強な兵士は蝿を見るような目で私をにらみつけ、「あっちだ!」と追い払った。

中南海は単なる所在地の名称ではなく、極めて不透明で神秘的な中国政治を象徴するフレーズでもある。

そんな中南海を覆うぶ厚い雲が一瞬だけ切れ間を見せ、秘め事の一端をのぞき見できる場がある。それは年に一度、主に三月に北京の人民大会堂で開かれる全国人民代表大会(全人代)だ。全人代は「国会に相当する」と解説されることもあるが、米欧諸国の議会や日本とは異なり、党の決定を追認するだけの「ゴム印」とも称される。

全人代の開閉会式、そして全人代に合わせて開かれる各地方政府の分科会の一部は、新型コロナウイルス感染症の流行前までは国内外メディアにも公開されていた。

二〇一二年三月五日午前、私はこの日始まった全人代の取材のため人民大会堂にいた。三階の記者席から双眼鏡を慌ただしく右往左往させ、壇上に並ぶ指導部メンバーの挙動を注意深く観察した。

温家宝首相が政府活動報告（施政方針）を読み上げている間、ある人物のところで双眼鏡を持つ手が止まった。男は心ここにあらずという感じで、時折虚空を見つめていた。

ある人物とは重慶市トップの薄熙来《はく・きらい》・党委員会書記のことだ。当時、薄の腹心だった王立軍・副市長が四川省成都の米総領事館へ亡命を図り、当局の取り調べを受けたことから、薄の去就に注目が集まっていた。

薄は手元の資料に目もくれず、落ち着かない様子だった。一方、この年の秋に総書記に就くことが決まっていた習近平国家副主席は硬い表情で、時折資料に書き込みをしていた。

薄はその九日後に腹心の不祥事で解任され失脚。革命歌を歌う運動や暴力団一掃を柱とする「重慶モデル」と呼ばれる政策が注目され、最高指導部入りも有力視されたが、失脚後に収賄罪などで無期懲役が確定した。

習が総書記就任後に急速に一強体制を築くと、「あんな凡庸な男がなぜこれほどの権力を掌握できたのか」という疑問が何度も提起され、さまざまな分析がなされてきた。

あの日、双眼鏡を握りしめていた私は、その答えのヒントが眼前にあることに気付かなかった。自身の失脚を予期していた薄。習の角度から見れば、それは〝敵失〟の瞬間だった。茫然自失の男と、メモを取る男。薄の失脚により党の権力バランスに地殻変動が生じ、習がそれに乗じて権力掌握へ攻勢を掛け、長期支配の足場を固めるなど、全く想像力の及ばぬところだった。

同じ穴のむじな

習と薄の関係は政敵だとかライバルだとか言われている。いずれも正しいが、さらに言えばこの二人は同じ穴のむじなだった。

二人の共通点は多い。両者とも共産党革命に参加した同格の高級幹部を父に持つ（習の父は故習仲勲元副首相、薄は薄一波元副首相）。いわゆる「紅二代」と呼ばれる血統書付きのエリート党員で、革命世代を継ぐ〝創業二代目〟としての自負心が強いとされる。

年齢も近く（薄は一九四九年七月生まれ、習は一九五三年六月生まれ）、同じ時代に北京の空気を吸って育った。大規模政治運動、文化大革命（一九六六〜七六年）ではいずれも父が失脚し、家族と共に迫害を受けている。

ただ習と薄には決定的な違いがあった。それは政治家としての資質だ。青少年期を子細に見ると、既に二人の差を垣間見ることができる。家庭環境に身を委ねていた習に比べ、薄は育ちの良さよりも自らの才能を頼みにしていた。

習は無試験で入学できる幹部子弟向けの「北京八一学校」に入学。一方、薄は最難関の「北京市第四中学（四中）」に入った。四中は親のコネクションは通用せず、完全な実力勝負の学校であり、庶民にも門戸が開かれていた。薄と同世代の四中の同窓生には劉少奇国家主席や人民解放軍の創立者、朱徳ら最高幹部の子息のほか、中国を代表する映画監督、陳凱歌《チェン・カイコー》やノーベル文学賞候補にも挙げられる詩人、北島＝本名・趙振開、同校高等部＝もいる。北島はエッセーで、四中に入る難しさをこう振り返っている（北島「北京四中的記憶」）。

北京及び全国最高レベルの中学の一つで、私にとっては天国のように遠かった。（進学が決まると）私の社会的地位は明らかに高くなった。父親の見る目が変わり、親戚は絶賛した。校章を付けようものなら、まるで全人類の寵児になったようであった。

薄はその四中に中等部から入学し、当時の中国で最高レベルの教育を受けた。入試の点数は非公開だが、薄の成績は突出していたようで、「言語と数学が満点」との噂が同窓生の間で駆け巡った。

薄の兄の薄熙永と弟の薄熙成も四中の生徒だった。同窓生によれば、薄熙来よりも兄と弟の方が目立つ存在で、熙来は弁が立つがおとなしかったという。

薄熙来が十六歳のとき、文革が始まった。共産党指導部内で劉少奇の影響力が強まり、自身の地位が脅かされると危惧した毛沢東は個人崇拝を利用して若者をたきつけ、「下から上へ」上層部の暗部をえぐり出す運動を引き起こす。

火付け役を担ったのが北京大学だった。一九六六年五月に北京市と北京大の党委員会幹部を批判する壁新聞が張り出された。党幹部に反旗を翻すのは異例のことだったが、毛沢東が裏でこれを後押しし、青年学生による幹部打倒の構図が党機関紙で称賛された。

北京大の壁新聞の報に接した薄兄弟は、学校の修正主義教育を批判する壁新聞をつくったり、文革推進のために全国一斉の大学入試「高考」の延期を求める手紙を主導したりするなどした。この手紙は高考延期の決定とともに、党機関紙、人民日報に掲載された。

名門、四中は当時の青少年にとって文革の中心的な存在となった。なかでも薄兄弟は鋭い嗅覚と行動力を発揮し、毛沢東の野心に呼応するかのように政治的な動きをした。

しかし皮肉にも、父親の薄一波は劉少奇と共に「反逆集団」とみなされ、文革で批判され、迫害を受ける。母親は自殺し、薄兄弟も文革の被害者となった。

文革開始時、習近平は十三歳だった。八一学校でも成績の良い学生は四中の中等部を目指したが、習は八一にとどまり、一年繰り上げで中学に進学した。習の父親も文革で迫害を受け、習はその影響で中学を卒業せず、知識青年として陝西省延安市延川県梁家河村で労働に従事することになる。

当時、習近平と薄熙来の間に交流があったかどうかは分からない。ただ薄の同窓生は「四中の幹部子弟は、八一学校の生徒を見下していた」と振り返った。

毛沢東が死去し、文革が終わると、共産党中央は迫害された幹部の名誉回復を進めた。党が毛の負の遺産の排除を図る中、習近平と薄熙来は同時期に政界入りする。

同じような境遇の二人が互いを意識していたのは想像に難くない。天才肌の薄に比べ、習は目立たない存在だった。だが習は二〇〇七年十月の第十七回共産党大会を経て胡錦濤総書記をトップとする最高指導部メンバー、政治局常務委員に、李克強（当時遼寧省党委員会書記）と共に大抜擢される。一方、薄は常務委員より格下の政治局員起用にとどまり、出世競争で大きく後れを取った。

この後、薄は重慶市に独立王国を築き、起死回生を図ることになるのだが、そこに触れる前に習がなぜ党最高ポストの総書記を巡る競争で先頭に躍り出たのか、その背景を概観したい。

一九九〇年前後、共産主義専制の社会主義国家が次々と解体していくのを目の当たりにし、危機感を強めた鄧小平は対外開放を推進。社会主義か資本主義か――といったイデオロギー論争を封じ、投資を呼び込むため欧米や日本に歩み寄り、西側諸国の政治思想や文化が流入することをある程度黙認した。

経済成長に伴い存在感を増す党内の改革派の陰で、発言力が弱まった保守派はイデオロギー政党に回帰する機会をうかがっていたとみられる。それは習が総書記に選出されたことに関わってくる。

二〇〇七年に常務委員に起用された習の党内序列は李克強よりも上で、胡錦濤の後継者となることが固まった。

胡は自身の出身母体である党の若手組織「共産主義青年団（共青団）」の後輩である李を推したが、序列五位の実力者だった曽慶紅元国家副主席が自身の引退と引き換えに習への権力継承を主張。曽と近い江沢民元総書記も習の支持に回ったとされる。

なぜ李ではなく、習が「ポスト胡錦濤」に選ばれたのか。当時、その鍵を握る議論が保守派の学者によって提起されていた。

政府系シンクタンク、「当代中国研究所」所長を務めていた党史研究者の朱佳木は二〇〇八年、「（改革・開放路線より前に）失敗や誤りがあったからといって、すべてを否定してはならない」と主張する論文を発表（2008年1月当代中国研究「従改革開放前後両個時期的歴史性質及其相互関係上認識中国特色社会主義道路的内涵」）。文化大革命を含む毛沢東の時代を否定する風潮を戒め、改革・開放の前後で党の歴史を分断すべきでないと訴えた。

朱は、鄧が進めた経済改革に後ろ向きだった陳雲・元党副主席の秘書を務めたこともあり、党内保守派の代表格だ。

党は一九八一年、「歴史決議」を採択して文革を「内乱」と全否定。毛への個人崇拝が社会を混乱に陥れたとの教訓に基づき、毛について「功績第一、誤り第二」とする評価を下した。

朱の論文は、歴史決議を修正し、文革の部分的な肯定にもつながりかねない危うい主張で、改革派の警戒を招いた。しかし、鄧小平路線が行き過ぎれば「改革・開放以前の党の歴史的貢献が否定される」（党機関紙、人民日報）と懸念する保守派の一定数の声を代弁していた。

改革・開放により市場経済が定着するにつれて、党は幅広い層から支持を取り込むため、資本家を「敵」とする古典的な社会主義イデオロギーと決別し、私営企業家の入党を解禁するなど脱イデオロギー化を進めた。

その結果、イデオロギー政党としての存在意義は希薄化。習ら高級幹部の子弟「太子党」や保守派の間で、先代から受け継いだ党が変質していくことへの危機感が強まった。

米国を拠点に研究活動を続けていた中国出身の改革派学者、李偉東は、当時の太子党の心象風景を次のように描写する（高瑜「男児習近平」）。「親の世代で築いた国家が、高学歴の官僚や執事、秘書や共青団派ら行政官僚に話にならないぐらい踏みにじられ、腐敗や汚職が深刻化した」「このままではソ連と同様に党と国家が滅びてしまう」

毛以来の党の理想の継承を願う保守派にとって、高級幹部の子弟「紅二代」の指導下で党の路線を修正するのが望ましかった。改革派と目される李克強ではなく、党長老だった習仲勲元副首相を父に持つ習が担ぎ上げられた背景には、こうした党内事情も影響した可能性が高い。

では同じ「紅二代」の薄熙来はなぜ胡錦濤の後継候補から外されたのか？　組織の安定を重視する党は必ずしも天才を求めていないのか？　薄熙来も同じ疑念を抱いていたかもしれない。

パンドラの箱

第十七回党大会で北京の中枢に上り詰めた習に対し、薄には重慶市トップの党委員会書記のポストがあてがわれた。習に後れを取ったが、五年後（二〇一二年）の第十八回党大会で政治局常務委員に昇格するチャンスは十分にあった。

改革・開放路線による事実上の〝資本主義化〟が進行する中、党内では右派（改革派）と左派の激しい論争が続いていた。右派は鄧小平路線を支持するのに対し、左派は毛沢東を重視する傾向にある。

薄は持ち前の政治的嗅覚から左派への揺り戻しが起きていると判断。毛沢東の威光を借りながら、自身のカリスマ性も発揮して求心力を高める勝負に出た。毛の死後に党が封印したはずの個人崇拝という劇薬に手を出し、いわばパンドラの箱を開けてしまった。

重慶モデル

二〇一〇年九月十九日、重慶市の名門、西南政法大学の創立六十周年を祝う式典に、一八〇センチを超える薄熙来が半袖の白シャツ姿で颯爽と現れ、学生や列席する政財界、法曹界の有力者の前でマイクを握った。

「私は今日招待されなかったんだよね。この式典があると聞いて慌てて申し込んできたんだ」。茶目っ気たっぷりに語り出すと、会場はどっと沸いた。薄熙来は米アップルの創業者、スティーブ・ジョブズの新商品発表会のように舞台の中央に立ち、ユーモアを交えながら約二十分語り続けた。

仏頂面で感情を込めず原稿を読み上げる大半の中国の政治家と比べ、明らかに型破りな話し方だった。爆笑と拍手が絶えず、会場はすっかり薄熙来色に染まった。

「君たち青年は朝の八時か九時の太陽のようなものだ。希望は君たちに託されている」。毛沢東の言葉を引用しながら演説を締めくくると、割れんばかりの拍手が送られた。興奮した学生たちは競うように薄を取り囲み、広場まで見送った。

式典に招かれていた外国の在中国大使は「仮に中国が西側諸国のような選挙を導入すれば、薄熙来は間違いなくトップ当選するでしょう」とあきれ顔でつぶやいた。傍で聞いていた共産党員学者、江宏（仮名）は誇らしげに頷いた。

江宏が薄熙来と出会ったのは二〇〇九年のことだ。海外からの訪問団に重慶の改革について説明したのがきっかけで、薄が政策の宣伝に関する内部会議に江を招いた。

会議が終わると、薄は自ら出席者を見送り、江宏に親しみを込めて「江宏君」と呼びかけた。江宏は「江宏君だなんてやめてください。もう五十過ぎですよ」と恐縮すると、薄は「何年生まれだ？」と尋ねた。江が「一九五四年です」というと、一九四九年生まれの薄は「それならやっぱり『江宏君』じゃないか」と笑った。

その数カ月後、江宏は重慶市政府のイベントに参加。薄熙来は大勢の出席者から江の姿を認め、今度は「江宏さん」と尊称で呼びかけた。江宏は自身のことを覚えていただけでなく、「君」という呼び方に躊躇した細かいことまで記憶していることに驚いた。

江宏はその後も内部会議に呼ばれ、薄を間近で見る機会が増えた。夜遅くに食事も取らず、風邪をひいても真っ赤な鼻をちり紙で押さえながら仕事をする。こんな指導者は見たことがなかった。

江は薄熙来が次々と打ち出す政策を整理し、「重慶モデル」と称して理論化する文章を公表していた。薄熙来は「重慶市の政策のことなら江宏に聞け」と周囲に指示するようになり、江は地元テレビのコメンテーターとして招かれるなどし、次第に「薄熙来の政策ブレーン」としての地位を確立していった。

薄は、犯罪者とその後ろ盾になっている公務員らも取り締まる「打黒」と称する反腐敗運動を展開し、治安を劇的に改善させた。また文革時代に毛沢東への忠誠を示すために歌われた「紅歌」（革命歌）の合唱コンクールを通じて市民や官僚を動員。「社会主義の優位性を最も体現できるのが共同富裕だ」と訴え、全人民が豊かになる理想の実現を公約に掲げた。

毛沢東を現代に蘇らせるかのような「紅色」運動は全国の左派を喜ばせ、保守派の政治家や学者らは競うように重慶を視察するようになった。

マルクス主義者の江は薄の政治パフォーマンスを党の理論を用いて肉付けしていった。

江は言う。改革・開放から三十年で経済は著しく発展したものの、都市と農村の格差は拡大。

地方官僚たちは社会主義の本分を忘れ、ＧＤＰ至上主義がマルクス・レーニン主義や毛沢東思想に取って代わってしまった。資本主義社会という魔物が中国を侵食しつつある。市場経済はあくまでも政府が主導するもので、われわれ高潔な共産党員だけが社会主義を実践しながら市場を飼い慣らすことができる。重慶モデルは社会主義と市場経済を結び付ける処方箋を提示したものだ。

江は薄熙来が起こす政治ムーブメントの広報担当として重要な役割を果たすようになった。自身が抱く左派の理想が書斎を飛び出し、現実の世界で実践される。薄熙来を通じて政治理論を実現する快感を味わった。

江は薄熙来個人の存在意義も理論化した。いわく「傑出した人物は歴史の発展に独特で重大な役割を果たしてきた」「薄熙来は共産党員としての公共性と傑出した人物の特徴を併せ持っている」と唱え、薄の指導力が社会主義の発展に資すると主張。江の理論は個人独裁を正当化する危うさをはらみつつあった。

毛沢東の大衆動員の手法をまねた薄を、当時の共産党トップ、胡錦濤総書記や温家宝首相は警戒していた。ただ指導部の中に、重慶に熱い視線を注ぐ人物がいた。国家副主席だった習近平だ。二〇一〇年十二月に重慶を訪れ、三日間にわたり農村や低所得者向け住宅、革命歌を歌うイベントなどを視察。特に「紅色」運動に感銘を受けたようで、「（革命歌を歌うイベントは）人々の心に深く刻まれ、称賛に値する。今後、中華民族の優秀な文化的素養をさらに掘り起こしていくべきだ」と評価した。

暗転

薄熙来は政治家としてはたぐいまれな才能を発揮したが、家庭の管理はあまりにずさんだった。妻が経済的なトラブルを抱えていた英国人ビジネスマンを殺害し、薄の側近に事件の隠蔽を依頼する前代未聞のスキャンダルを起こし、これがきっかけで政治家としての前途は絶たれた。

二〇一二年十一月に総書記に就任した習近平は、最高指導部メンバーの党政治局常務委員だった周永康ら薄熙来に連なる大物政治家を次々と摘発。薄の失脚を最大限に利用して政敵を排除し、自身への権力集中を進めた。

薄熙来は中国政治の舞台から姿を消したが、重慶モデルは装いを変えて生き残った。習近平は毛らの精神を学ぶ左派色の強い「紅色」キャンペーンや、汚職官僚を取り締まる反腐敗運動を展開。また格差解消を目指す「共同富裕」を看板政策として掲げる。薄の政治手法をなぞるかのようで、ライバルだった薄の先見性を証明するジレンマにも映る。

北京大のある学者は「習近平の路線は薄熙来のいない薄熙来路線だ」と喝破した。ただ薄と違い、習は個人としてのカリスマ性に欠け、国民の熱狂的支持は広がっていない。習は就任当初、「中国モデル」という言葉を一時口にしたが、その後「中国方案（中国の解決策）」と言うようになり、「モデル」の表現を封印した。「重慶モデル」を連想してしまうからではないか、という党員もいる。

中国共産党の内規は今でも「薄熙来の毒を一掃する」ことを目的に掲げている。約十項目からなる内規は、指導部の許可なしに地方幹部が独自政策を打ち出すことや、「身分に合わない」政策を進めることを禁止。毛沢東らを礼賛する活動を「形式的に」推進すること、成果を出すため強引に犯罪を取り締まることも禁じ、派閥の形成も決して許さないと定めている。

習近平の地方人事は、現地の幹部を引き上げるのではなく、地盤のない人物を落下傘のように配置するのが特徴となっている。薄熙来の教訓から、地方官僚が「独立王国」をつくり、指導部を脅かす事態を防ぐためとみられている。地方政府の裁量は狭まり、監視も厳しくなったことから、飲まず、食わず、（賄賂などを）受け取らず、仕事もしない「四不（四つのせず）」と呼ばれる地方官僚が増加。公務員の不作為は深刻化しており、二〇一九年に湖北省武漢市で新型コロナウイルスが発生した際、地元幹部が黙殺し、対応が遅れる遠因にもなった。

薄の失脚から約十年後。私は重慶市の迎賓館近くの宿舎で隠居生活を送る江宏を久しぶりに訪れた。当局は江の重慶モデルに関する文章や著作を調べたが、江自身は名誉職のポストの引退が早まったぐらいで、処分などは受けなかったという。妻や孫と国内旅行に行き、室内には健康を維持するための運動器具が置かれ、穏やかな暮らしぶりがうかがえた。

「あなたの重慶モデルが習近平統治の原形になったのでは？」と水を向けると、滅相もない、と否定しつつ「習近平の路線は経済社会の発展という点では薄熙来路線と方向性は同じだ」と述べた。習指導部が、党員に派閥形成を禁じていることに話題が及ぶと「派閥形成を禁じるなど、ロシア人に禁酒を命じるのと同じことだよ」と笑った。

さておき、薄熙来は緞帳をつかんで倒れ、皮肉にも習近平劇場の幕を引いた。

三　権力がほほえんだ日

この男は一体何者だろう。

高瑜は突然舞い込んできた依頼を受けるべきか否か、しばらく考え込んだ。二〇一二年七月のことだ。中国屈指のジャーナリストである高瑜にも、この時点では「習近平」という人物に関する情報は限られていた。

路上の売店にはみずみずしい蓮の実が並び、真夏の北京に彩りを添えていた。売り子たちが首筋にまとわりつく汗をけだるそうに拭う。北京は乾燥しているが、この年は蒸し暑く、空模様も不安定だった。

その奇妙な依頼は、中国改革派指導者の胡耀邦・元中国共産党総書記の長男で人民政治協商会議（政協）常務委員の胡徳平から、秘書を通じてもたらされた。

いわく「習近平が総書記を継がないとごねている」——。翻意させるべく協力してほしいというのだ。

秋に開かれる第十八回党大会で、国家副主席の習は総書記、胡錦濤の後任となることが決まっていた。ところが米ブルームバーグが六月に習の親族が巨額蓄財をしていると報道。党関係筋によると、激怒した習は「こんなことを書かれるなら総書記に就かない」と最高指導部人事案を拒否する構えを見せ、海外の要人との会見をキャンセルするなどして周囲を困らせていた。

ブルームバーグは、習近平が党内で出世の階段を駆け上がるにつれて、習の姉や弟らが不動産や通信などの分野でビジネスを拡大し、三億七千六百万ドルもの資産を保有していると報道。公開資料を独自に集計したとした。習の権力拡大と親族の蓄財の関連性を示唆するものだった。

習近平にとってこの報道は致命傷を負う危険性のあるものだった。ライバルの薄熙来は失脚したばかりで、これから反腐敗闘争を仕掛けなければならず、自身のクリーンなイメージを保つことが死活問題だったためだ。

さらに胡錦濤をはじめとする党指導部が世代交代する党大会を控えており、党内では権力バランスの地殻変動が起きていた。薄熙来に連なる人たちは必死で巻き返しを狙っており、報道はそうした勢力に習近平攻撃の口実を与えかねないものだった。むしろそれを狙ってリークされた可能性すらあるとみられた。

習は総書記のポストを辞退する構えを見せることで事態を有利な方向に動かそうとしたとみられる。党上層部はブルームバーグ報道を打ち消すことが先決と判断。しかし党機関紙の人民日報や国営メディアの新華社などは党・政府のプロパガンダを宣伝する「党の喉と舌」とみられており、これらを通じて情報を発信しても国内外で説得力を持って受け止められるか不安があった。

そこで白羽の矢が立ったのが、国連教育科学文化機関（ユネスコ）の「世界報道の自由賞」などを受賞し、国際的な影響力のある改革派の高瑜だった。

青春の記憶

高瑜は一九四四年二月に内陸部の重慶市で生まれた。

父親は一九二一年の中国共産党結成の初期に入党。母親は女性解放運動などに携わる知識人だった。二人が日本軍の侵攻を避けるために流れ着いた重慶が、高瑜の出生地となった。日本との戦争が終わり、共産党は国民党との内戦に勝利。一九四九年三月二十五日に毛沢東ら党指導部は北平（現在の北京）入りした。グレーの軍装の毛沢東は、日本が建設した西苑空港で、米国製のジープに乗り閲兵式に出席。中国の掌握を誇示した。同年十月一日に天安門の城楼の上で北京を首都とする中華人民共和国の成立を宣言した。

高瑜の父は古参党員として、新政府の幹部となった。当時にしては、社会的な地位や経済的には恵まれた家庭環境と言えた。幼少期は母親が買い与えたグリム童話やロシアの文豪プーシキン、老舎、郭沫若らの作品を読みあさる。共産党のスローガン形式の言葉とは異なるソ連文学の文体に魅了された。

ただ政治との距離は近かった。特に北京では権力掌握に闘志を燃やす建国期の毛沢東の鼓動が嫌でも聞こえてくる。高瑜が初めてその鼓動を聞いたのは、一体の遺体を目にしたときだった。七、八歳のとき、家の近くの林で人が首をつり、近所の子どもたちが騒ぎ出した。高瑜が駆け付けたときには遺体は細い枝から下ろされ、布をかぶせられていた。

当時、官僚腐敗を糾弾する「三反・五反運動」と呼ばれる政治運動が過熱し、多くの公務員や労働者が巻き込まれた。林で首をつったのは三十歳ぐらいの技師の男で、運動の標的となり、激しい攻撃を受けていた。高瑜は政治運動で人が死ぬことを知った。その後も身の回りで自殺者が相次いだ。

中学に進学する頃、毛は反体制派をあぶり出して排除する「反右派闘争」を発動。高瑜の一家は標的とならなかったが、ある同窓生の両親は迫害を受けて自殺した。資本家、腐敗官僚、国民党の手先、日本軍の協力者——。共産党政権発足後、レッテルを貼って相手を攻撃する「階級闘争」は庶民にも浸透していった。劣勢にある家庭の子どもの弁当はみるみるうちにみすぼらしくなった。

文学少女の高瑜は天才肌だった。一度読んで理解したことは忘れない。あるとき男子学生が高瑜のロシア語辞典にラブレターを忍ばせたが、ほぼ辞典を暗記して開かなかったため、指摘されるまで気付かなかった。

母親は「女性は白衣を着ない方がいい」と告げ、理系ではなく文系に進むよう助言した。

一九六二年に当時最難関の中国人民大学に入学。文芸理論を専攻する。同大には農村を含め全国各地の成績トップクラスの優秀な学生が集まっており、自然と政治的な雰囲気が濃厚になった。繊細な文学に慣れ親しんできた高瑜にとって、政治臭のするキャンパスは灰色の世界に映った。

既に四年後の文化大革命のカウントダウンは始まっており、学内では階級闘争が盛んに行われていた。恋愛をすれば「資産階級」のレッテルを貼られ攻撃を受ける。刺すか刺されるかの緊張感の中でキャンパスライフを送った。

政治的野心を燃やす同級生たちの、他人を蹴落としてでも上昇しようとする姿は見苦しい。政治と距離を置く作家や記者になりたいとぼんやりと夢想した。しかし文才が買われ、毛沢東と紅衛兵の接見の記録映画の編集や演出を担わされる。

文革が本格化すると、毛沢東が起こす権力闘争の台風がついに高瑜一家を襲った。家が周囲の家よりも少し大きいという理由で紅衛兵ににらまれた。家財が破壊されたり盗まれたりして、住居はもぬけの殻となった。そして高瑜は山西省大同の農村に下放され、中学校教師として八年過ごした。

二十六歳のとき、同級生の親戚の紹介で空軍に在籍する趙元康と知り合う。仲人は趙のアピールポイントとして「毛主席への忠誠心」を真っ先に挙げた。

一九七一年夏頃に趙と結婚。同年九月十三日、毛沢東の後継者と目されていた林彪国防相らが毛の暗殺に失敗して空軍機でソ連逃亡を図り、モンゴルで墜落死したとされる、所謂「林彪事件」が起きた。

空軍政治部に所属していた趙は林彪事件の影響で「反革命」の疑いを持たれ、「学習班」に連行された。新婚生活もつかの間で離れ離れとなり、しかも高瑜は妊娠していた。夫が戻ってきたとき、息子はもう八カ月になっていた。

経歴に傷が付いた趙は党籍を抹消された。趙個人に問題があるわけではないが、所属する機関の幹部らが権力闘争に敗れたためだ。高瑜は権力闘争に明け暮れる党組織を心の底から忌み嫌うようになった。

春の訪れ

だから毛沢東が死去したときは言い知れぬ解放感を味わった。毛の威光を借りて絶えず政治闘争を仕掛けてきた毛の妻、江青ら「四人組」が逮捕されたときは溜飲を下げた。

四人組の逮捕は文革の終結を意味する。庶民だけでなく、多くの共産党・政府幹部も胸をなで下ろした。北京映画製作所は、四人組失脚に対する人民の喜びを表現する「春天（春）」と題する映画を製作。高瑜はその脚本を任される。

独裁者が去り、その子飼いの四人組も消えた。新婚で夫を奪われた悲しみや陣痛の記憶とともに、文革の残酷さ、政治ゲームに明け暮れる権力者への怒りがこみ上げてくる。祖国が大きく変わり、新たな時代を迎えようとしていた。高瑜は文字通り春の到来を感じながら映画作りに没頭した。

「春天」の仕事が一段落したころ、転機が訪れる。海外の華僑や香港、マカオ、台湾の「同胞」向けの通信社、中国新聞社の記者のポストが舞い込んできたのだ。

中国新聞社では記者や技術者の多くが文革で迫害され、三十六歳の高瑜は「若手」だった。海外の華字紙に記事を書く任務を与えられ、職場では台湾、香港、海外の華字紙に毎日触れることができた。

中華人民共和国の建国初期に青少年だった高瑜ら「文革世代」は、政治運動に関するスローガンのシャワーを浴びながら育った。それは①崇拝型（例「毛主席のために生き、毛主席のために死ぬ」）②攻撃型（例「毛主席に反対する者は、その犬の頭を打ちのめす」）③指導型（例「党の命令は絶対、その歯車となりねじとなれ」）④労働促進型（例「十五年で英国に追いつけ、米国を追い越せ」）⑤国際型（例「打倒米帝、ソ連修正主義」）――に大別される。

型にはまったスローガンは中国語の奥深さを封印するだけでなく、人々の思考パターンも制限した。ちなみに習近平も文革世代だ。

1986年夏、鄧小平の長女、鄧林（左）を取材する高瑜（本人提供）

高瑜が幸運だったのは、香港や海外の華字紙を読み込むことで「報道の自由」を体感し、視野が開け、所謂「新華社文体」を捨てることができたことだ。新たな表現手段を得て、高瑜の思考はフル回転を始めた。人々が変化を渇望する時代に、表現力が前途を切り開く武器となった。

新しい表現手段を必要としていたのは中国共産党指導部も同じだった。この頃、党は中国を混乱に陥れた文革を二度と起こさないために、個人崇拝を禁じ、絶大な権限を持つ党主席ポストを廃止、正副国家主席任期を設けた。改革・開放路線にかじを切り、農村での生産責任制や民間企業への権限委譲などを進めた。

一九八六年、胡耀邦党総書記は、鄧小平が率いる変革を社会に幅広く浸透させるためのドキュメンタリー「鄧小平と現代中国」の製作を認可。中国新聞社記者だった高瑜は映画部門に配属され、脚本と演出を任された。

　高瑜はこの仕事を通じて鄧小平の息子、鄧樸方や人民日報元社長の胡績偉ら有力政治家と親交を深めた。鄧樸方とは電話をかける仲になった。同時に思想家の何家棟や陳子明、王軍濤ら若手改革派とも交流し、中国が目指すべき未来について日夜議論を交わした。

　一九八〇年代の中国には、暗黒の文革時代の反動から自由化の波が押し寄せ、高瑜は新しい時代の言論人として頭角を現した。独裁政権にとって、文才のある者はときに鋭利な刃物を忍ばせたテロリストよりも厄介かもしれない。高瑜のジャーナリストとしての才は前途を切り開く力を持ったが、その切れ味の鋭さから返り血を浴びることになる。

政治改革

　一九八七年一月、政治改革に着手した胡耀邦総書記は、前年に起きた民主化デモに断固とした態度を取らなかったなどとして批判され失脚。胡が認可したドキュメンタリー「鄧小平と現代中国」はお蔵入りとなった。

　高瑜は、著名作家、老舎が文革で迫害されて入水自殺した経緯などを調査し、積極的に報道した。愚かな文革を徹底的に否定しなければならないという切迫感があった。しかしそれは毛沢東の批判につながるもので、中国新聞社は高瑜を「自由化分子」とみて危険視。記者のポストから外した。

一九八八年十月、高瑜は中国新聞社から改革派知識人が多く関わる中国社会科学院主管の「経済学週報」に配属され、副編集長となった。経済学週報は政府系メディアだが、改革派が集まっていた。高瑜は開明的な知識人らの対談を企画するなどし、民主制度の導入に向けた論陣を張った。

一九八九年四月十五日午前七時五十三分、胡耀邦が心筋梗塞で死去した。七十三歳だった。市民や学生は政治の近代化に理解を見せていた胡の死を悼み、北京市中心部の天安門広場に集結。追悼活動は民主化や言論の自由、腐敗一掃を求める大規模運動に発展した。

高瑜は胡を追悼する長文を発表。文革が終わったというのに共産党は党の良心を粛清してしまった。これ以上政治的冤罪を繰り返してはならない――。経済学週報は学生らの民主化要求運動を支持する立場を取った。

毛沢東の死後、政界と社会全体に文革を繰り返してはならないという強固なコンセンサスが生まれた。こうした雰囲気は、共産国家にもかかわらず資本主義を取り入れるなど大胆な転換に踏み切ることを可能にした。中華人民共和国発足以来、政治闘争に明け暮れてきた党がこれほど一つにまとまったことはなかった。

ただ改革をどこまで進めるかという程度の問題については認識に差があった。急進的な改革派は、四つの基本原則(マルクス・レーニン、毛沢東思想、共産党の指導、プロレタリア独裁)さえも撤廃し、経済改革と同時に政治改革に踏み切る必要性を主張。胡耀邦や趙紫陽は改革派の系譜であり、天安門広場で起きた民主化運動はこうした政治の流れに呼応するものだった。

一方で陳雲や李先念ら党内保守派は改革派が唱える政治改革は、血のにじむ思いで築き上げた党の支配体制を脅かすものとして強く警戒。胡耀邦の後継者として総書記になった趙紫陽の交代を求めた。

趙紫陽は、天安門広場の学生運動に武力介入せず、民主化進展などの主張を真剣に検討するよう主張していた。趙の秘書だった鮑彤・元党中央委員によると、鄧小平は趙紫陽を意思決定のプロセスから外して裏工作を進め、だまし討ちのような形で武力弾圧を決めた（鮑彤「写于〝六四〟事件三十三周年」）。

長い日曜日

一九八九年五月二十一日は高瑜の生涯で最も長い日曜日かもしれない。

その前日には北京で戒厳令が敷かれた。天安門広場にいる学生らが人民解放軍により無差別に銃殺されるまであと二週間という日である。

不穏な空気を感じ取った体制内改革派の人民日報元社長、胡績偉は朝に高瑜に電話をかけた。「すぐに天安門広場に向かい、学生に撤退するよう説得してくれないか」

高瑜は明日の月曜日にほかのメディアと一緒に行けばいいではないか、と返答。胡は「だめだ。間に合わん」と焦りを口にした。

高瑜はミニバンに乗り込み、学生らが手をつなぎつくった阻止線を何とか突破し、やっとの思いで広場中心部の人民英雄記念碑にたどり着いた。

気付けば四十五歳になっていた。中国大陸に芽生えた、ガラス細工のように繊細な民主化のつぼみを守りたかった。思えば、あの軍装の男が米国製のジープで北京に乗り込んでから、この国はおかしくなった。文革を終わらせなければならない。毛沢東を終わらせなければならない――。

高瑜はテントでまどろんでいた二十歳の学生リーダー、王丹を起こし、向かい合った。「胡績偉が撤退するよう求めているわ。危険を冒してはいけない。広場を離れるのよ。私は善意から忠告しているの」

脇にいた学生が高瑜の胸ぐらをつかみ「誰だあんた」と気色ばんだ。王丹は「やめろ。信頼できる人だ」と静止した。高瑜は当時、北京で起きた民主化運動を香港メディアなどを通じて世界に報じており、王丹と顔見知りだった。当時、中国の異変を世界が知ることになったのは、高瑜の功績によるところが大きい。

高瑜は、事態がいかに緊迫しているかを説明。王丹は納得し、ほかの学生リーダーと相談した上で撤退に同意した。それには声明を出す必要があると確認した。

王丹は「高瑜さん、ひどく頭が痛いんだけど、声明案をつくってくれませんか」と頼んだ。高瑜は地面に落ちていた壁新聞を拾い、「全国人民に告げる書」と題する声明案を起草。軍が介入さえしなければ、広場にいる学生組織はただちに撤収すると明記した。

学生代表は臨時会議を開いて声明案を可決。高瑜は数人の学生を連れて胡績偉の自宅を訪れ、白紙に声明を清書。香港メディアの北京オフィスで学生代表が署名した「告げる書」をコピーし、国内外の報道機関にばらまいた。

帰宅したときはすっかり日が暮れていた。

「告げる書」の内容が実現し、学生たちが引き際を見極めていれば、私たちが今目にしている中国は全く違う姿だったかもしれない。しかしその日（六月四日）、天安門広場に鳴り響いた銃声が、あらゆる歴史のイフを容赦なく打ち砕く。

銃弾

「歴史を撮りにいく」。十九歳の王楠は一九八九年六月三日夜、カメラをぶら下げ、自転車に飛び乗って天安門広場に向かった。

四日午前一時ごろ、広場と隣接する人民大会堂の北側の通りで、軍が放った銃弾が王楠の左前額部から左耳後部を貫通。路上に倒れ込んだ。年配の女性が放置された王楠を病院に運ぶよう戒厳部隊に許しを請うたが、兵士は銃口を向けて「そいつは暴徒だ。戯言を抜かすとお前を撃ち殺すぞ」と怒鳴った。

王楠は午前三時半ごろに死亡。ほかの遺体とともに、天安門広場西側の北京市二八中学校前の原っぱに埋められた。

埋めたといっても浅い場所に土をかぶせた程度で、野ざらしのような状態だった。七日ごろ、大雨が降ると衣服が地表に露出した。周囲に腐臭を放ったため、学校側は交渉によって遺体を掘り起こし、病院の大部屋に移送した。

十四日、王楠の行方を追っていた家族が身元を特定。遺骨は北京市西郊の万安墓地に埋葬された（遺族の会「天安門の母」と王楠の母、張先玲の証言より）。

投獄

中国共産党指導部は、改革派指導者の胡耀邦元党総書記の追悼を機に起きた学生らの民主化要求デモを武力で鎮圧した。

軍が六月三日夜に制圧を開始、四日未明に中心部の天安門広場に突入。当局は死者数を三一九人としているが、正確な数は分からない。学生らに理解を示した趙紫陽党総書記は事件後失脚した。党は事件を「政治風波（騒ぎ）」と位置付け、今も弾圧を正当化している。

高瑜はその日の銃声を聞いていない。その直前に拘束されたためだ。

六月三日朝、取材のために自宅を出た高瑜を、二人の男が待ち構えており、黒い車で連行された。

武力鎮圧を支持した北京市長の陳希同は、高瑜ら経済学週報がブルジョア資産階級自由化の世論を煽ったと非難。高瑜は翌年八月まで監禁された。

一九九三年に米国への出国直前に国家機密提供容疑で再び拘束され、九四年に懲役六年の実刑判決を受け、九九年まで服役した。

国連教育科学文化機関（ユネスコ）は一九九七年、獄中の高瑜に対し、初の「世界報道の自由賞」を授与した。

改革への期待

習近平を巡る疑惑を打ち消してくれないか──。

二〇一二年夏、高瑜は熟慮の末、ブルームバーグの蓄財報道に反論する文章を、知人を通じて米国に拠点を置く中国語メディアに掲載した。

高瑜が政権に協力したのは、胡耀邦の息子である胡徳平の依頼だったこともある。また、習近平の父親の習仲勲元副首相は、天安門事件で学生への武力弾圧に反対した一人だった。高瑜には、習仲勲を父に持つ習が政治改革にかじを切るとの期待があった。

高瑜の文章が公開された後、習近平は胡徳平と面会した。

習は満足げにほほ笑んだ、と伝え聞いた。

第Ⅱ章　テロルとイデオロギー

2005年、民主活動家でノーベル平和賞受賞者の
劉暁波＝獄死（左）＝とジャーナリストの高瑜

一　自由主義新聞が死んだ日

中国はあまりにも真実を渇望している。これは人民の希望であり権利だ！　人々には為政者と政府を批判する権利があるべきで、公共利益に反する利益集団を批判する権利があるべきだ。これらの権利は制限されるべきではない！　憲法は国家は人民のものだと言っていなかったか？　それならば人民は真実を語ってはいけないのか？？？　真実を言うことすら難しい国家が、どうして真の安心感や幸福感を与えることができるだろうか？（中国国営中央テレビの報道番組元プロデューサー、王青雷、二〇一三年事実上解雇）

雨

二〇一二年七月二十一日、北京は豪雨に見舞われた。

大衆食堂が並ぶ裏通りでは排水と合流し汚臭が漂った。中心部の目抜き通りも要所要所が冠水、水はけの悪さや靴の中に流れ込む雨水に街中がいら立っていた。一九五一年の観測開始以降、最も多い雨量を記録した。

七十人を超える死者を出したこの雨が、中国にわずかに残されていたリベラルなメディアの存在まで流し去るきっかけになるとは、このときは思いもよらなかった。

午後七時四十分、夕食の支度を終えた邱艶の携帯電話が鳴った。夫、丁志健の切羽詰まった声が聞こえた。「ずっともがいてるんだ。車のドアが開かない。息が苦しい」。邱が広渠門橋に駆け付けると、通りは水没し近づけなかった。午後十時に一人の当局者が駆け付け、丁は病院に搬送されたが、溺死と診断された。手と頭部の骨に挫傷があった。

児童雑誌の編集主任だった丁は十六歳で江蘇省から首都に上京。進学、就職、恋愛、結婚と順調に人生の駒を進め、地方出身者の誰もがうらやむ北京戸籍を取得。二〇〇九年に娘が生まれ、翌年には八十平米の家に引っ越したばかりだった。国営中央テレビの社屋からそう遠くない北京中心部で水死。この悲劇は首都のインフラの欠陥や救援体制のずさんさを浮き彫りにした。

以上は、かつて「最も影響力のある自由主義新聞」と称された広東省の名物紙、南方週末に掲載される予定だった記事からの引用だ。同紙記者たちは豪雨の犠牲者や遺族二十四人を取材。「あなたの名前、あなたの物語」と題して、犠牲者の名前や生い立ちを記録すると同時に、首都の管理体制の不備を告発する意欲的な特集を組もうとしていた。

ところが当局は掲載を許さず、一般人の犠牲者を掲載せずに殉職した警官や政府関係者だけに絞るよう要求。「哀悼」のタイトルに朱字でバツを付け、「英雄」と差し替えるよう指示した。記者たちは猛抗議の末、記事そのものの掲載を断念した。

中国共産党の最高指導部が大幅に入れ替わり、習近平が党トップの総書記に就任する第十八回党大会の開催を四カ月後に控えていた。当局は政治イベントに〝水〟を差さないよう、豪雨に関する報道は最小限に抑え、政府に批判的な論評を発表しないよう報道機関に指示した。

記者は南方週末の豪雨報道への圧力に「検閲に次ぐ検閲。愚かで愚昧な連中が自滅に向かおうとしている」と怒りをぶちまけた。だが豪雨報道取り下げは、半年間にわたる当局と南方週末の争いの序章にすぎなかった。

喉と舌

南方週末は一九八四年、広東省を拠点に創刊された。

省党委員会の機関紙の傘下にあったが、市場開放にかじを切り思想解放の気運も高まる中で、党の「喉と舌」となるのを拒んだ。「真実を語らないことがあれども、うそだけは決してつかない」をモットーに、自由な精神の担い手として啓蒙の役割も果たすようになった。

専制体制下で、権力から距離を置くスタイルは斬新だった。読者の信頼を勝ち取り、最盛期の発行部数は百七十万部に達した。商業紙としての運営や権力を監視する調査報道の手法は中国メディア業界に大きな影響を与え、追随する新聞が続出。「都市報」と呼ばれる類似の商業紙が各地で誕生した。

ただ当局はこうしたメディアに世論の主導権が奪われることを警戒。二〇一〇年に商業紙組織を解散に追い込むなどして圧力を強めた。いつしか南方週末は改革派記者の最後の砦となっていた。

南方週末創刊とほぼ同時期に、新米党員だった二十三歳の庹震《たく・しん》は北京の政府系新聞、経済日報に配属された。同紙は党・政府の経済政策を広報する典型的な「喉と舌」だった。

庹震と同期入社のＯＢは「同期の記者の中で一番無能だった」と語る。だが政治的な嗅覚が鋭く、上司の指示に忠実な庹震は出世の階段を駆け上がった。

党の幹部養成機関、中央党学校で研修を受け、二〇〇五年から一一年まで同紙編集長を務める。その間、発行部数が大幅に落ちたことを同期にたしなめられると、「それがどうした。私がいたから新社屋が建てられたんだ」と自身の政治力を誇ったという。記者というより政治家そのものだった。

庹震は国営通信新華社の副社長を短期間務め、一二年五月に南方週末を所管する広東省党委宣伝部長に任命された。党中央が地方の重要ポストに人を配置する「落下傘人事」だった。

宣伝部はメディア幹部の人事権を握り、党・政府に批判的な報道を禁じるなどして世論を誘導する部門。庹震は記者への引き締めの厳しさで知られ、広東省転任が決まった際、新華社の記者たちは手をたたいて喜んだという。

「私が管理する新聞に、私のチェックを経ずに発行されたものは一文字もない」。宣伝部長に就任した庹震は地元メディアへの挨拶でにらみを利かせた。最後の砦をつぶしにきた——。南方週末記者の間でこんな噂が広まり、不穏な空気が流れた。

憲政の夢

南方週末の五人のデスクの一人、史哲は頭を抱えていた。

北京豪雨の犠牲者の名前と人生を追った「あなたの名前、あなたの物語」を差し替えるよう、当局が編集幹部を通して命じたためだ。「受け入れられません。もう一度交渉してください」と突っぱねた。

編集幹部は広東省党委宣伝部幹部に直接電話を入れて説得を試みたが、相手にされなかった。幹部は「上がダメだと言っているそうだ」とため息をついた。「上」は部長の庹震しかいなかった。

その後、南方週末への検閲は厳しさを増した。二〇一二年九月の日本政府による沖縄県・尖閣諸島国有化に抗議する大規模な反日デモが中国各地で吹き荒れた際、同紙は愛国主義の若者を取材。デモ参加者による破壊や暴力が相次ぐ中で、理性的な行動を取る青年に注目する内容だったが、宣伝部は掲載不可とした。

「中華民族の復興を実現することが、近代の中華民族の最も偉大な夢だ」

十一月に習近平が党総書記に就任すると、国営テレビは彼の演説を繰り返し流した。習は「中国の夢」というスローガンを打ち出し、国内で大々的な宣伝が始まった。南方週末は偶然にも数年前に「中国の夢」と題するキャンペーンを打っていた。

南方週末も新総書記に関する大量の写真や特集を掲載しなければならなかった。大学で欧米の政治学を専攻した史哲は冷めた気持ちで宣伝記事を処理した。

暮れになり、同紙は名物企画の新年特集記事のテーマを「夢」にすることを決定。中国の夢はどの段階にあり、どのような夢を抱くべきか――。

「中国人は本来自由人であり、中国の夢は憲政の夢であるべきだ」。十二月末、論説委員が「中国の夢、憲政の夢」と題する新年社説の草稿を提出すると、編集長の黄燦は「こんなもの上に報告できるか。特別号自体がつぶされてしまうぞ」と突っぱねた。

総書記が口にしたことで、「夢」は極めて政治的なワードになっていた。見出しを差し替え、憲政と権力に関する記述を圧縮。再編集作業を経て、校了は一月一日午前三時に及んだ。

相次ぐ検閲で後味の悪い余韻を残しつつ、年が明けた。そして中国メディア史に残る事件は勃発した。

改竄

中国で治水と政治は密接に結び付いている。

大洪水に見舞われた古代中国で黄河の治水に成功したとされる伝説の王、禹《う》は、理想的な政治家として現代中国でもたびたび引き合いに出される。二〇一三年一月三日の南方週末の新年号は、治水工事を指揮する禹の雄姿を厳かなタッチで描いた版画をフロントページに掲載。社会矛盾を抱える中、かじ取りを誤らないよう為政者にくぎを刺す意図も暗示していた。

ところが版画の説明書きは禹の治水の時期について四千年前とすべきところを「二千年前」と誤記、「衆志成城（力を合わせれば困難を克服できる）」という成語を「衆志成誠」と誤植していた。中国を代表するクオリティペーパーの新年号としてはずさんすぎるミスだが、これは検閲の痕跡だった。

二日前の元日、広東省共産党委員会宣伝部副部長の楊健は南方週末の黄編集長と副編集長の伍小峰を呼び出した。禹の版画を縮小し、読者が意図を深読みしないよう共産党の精神をたたえる文章を添えるよう求めた。

伍は「半年にわたる事前検閲に編集サイドの怒りがたまっている。書き直しは反発を招く」と警告したが、聞き入れられなかった。伍はやむを得ず、その場で宣伝部とやりとりしながら急遽説明書きを練った。文案はろくに校閲も経ないまま掲載され、恥ずかしいミスにつながった。

論説委員による新年社説も黄らによって再度書き換えられ、最終的に「われわれはいかなるときよりも夢に近づいている」と題する習指導部礼賛の内容となった。中国紙の編集長は当局寄りの人物が就くケースが多く、黄も宣伝部の代弁者だった。

南方週末事件

最終版の紙面を見て改竄を知った記者らは怒りを爆発させ、中国版ツイッター「微博《ウェイボ》」を通じて検閲の経緯を暴露。物言える新聞だったはずの南方週末への度を越えた言論弾圧に、全国の記者や改革派知識人らは衝撃を受け、宣伝部と闘う同紙編集者や記者への支持を表明する動きが拡大した。

抵抗の口火を切ったのは南方週末のOBたちだった。新年号の改竄を「独断専行、無知蒙昧」と非難し、宣伝部長の庹震の辞任や公開謝罪を求める声明を四日に連名で公開した。中国メディア関係者が宣伝部に反旗を翻すのは異例だ。

翌日、この問題の徹底的な調査を求める同紙編集部名の書簡が微博に掲載された。書簡は二〇一二年に編集部が書き換えさせられたり掲載が認められなかったりした記事は一〇三四本に上ると強調した。

一連の騒ぎは「南方週末事件」と呼ばれ、全国のメディア関係者やネット利用者は同紙への支援を表明することで言論統制への不満を噴出させた。広州市中心部にある社屋の入り口前には「中国人には自由が必要だ」と記した紙が掲げられ、支持を示す一輪の花を持った市民が押しかけた。

今振り返れば考えられないが、当時は就任したばかりの習近平が政治改革を進めると期待する人も少なくなかった。同紙内部にも、習に自分たちの声が届けば事態が好転すると訴える記者もいた。

皆、庹震の政治的嗅覚の鋭さを過小評価していた。

敗北

習近平率いる新体制が言論というセンシティブな問題にどう対処するかに注目が集まる中、広東省トップ、省党委書記の胡春華は事態の早期収拾を指示。有能なテクノクラートである胡は記者を処罰したりしないようくぎを刺し、穏便に済ませることを重視したとされる。

当局側は同紙編集者らに話し合いを持ちかけ、七日午後、同紙を傘下に置くメディアグループの会議室で協議が開かれた。当局側は楊、黄ら。記者側は筆頭デスクや記者部の主任ら数人が出席した。社屋外から声援や抗議のスローガンが聞こえた。

当局は南方週末事件について「一連の騒動はイデオロギー闘争であり、外国勢力も裏で糸を引いている」との見解を示した。記者側は当局が事態を「イデオロギー闘争」と位置付けたことにショックを受けた（関軍著「打帝国　南周人的困与闘」）。

記者側「事前検閲をやめてほしい」
楊　「事前検閲など存在しない」
記者側「編集長の交代を求める」
楊　「人事は組織の手続きにのっとってやる」

会議出席者によると、当局側は記者たちの要求に一切応じる姿勢を見せなかった。最終的に「双方が南方週末の存続に向けて努力する」ことで合意したにすぎなかった。記者側の出席者の一人は「完敗だった」と振り返る。

協議結果に失望した記者たちはストライキするかどうかについて激論を交わした。しかし十日、次号を予定通り発行。発行許可権を握る宣伝部には勝てなかった。これを機に「南方週末事件」は沈静化に向かった。

記者たちが当局にどう抵抗するかを議論する際、一九八九年の天安門事件の教訓をくみ取るべきだという意見も出た。天安門広場で民主化を求めた学生たちは引き際を見失い、軍により武力弾圧された。あの日広場で響いた銃声は、数十年の時を超えた今も中国人の胸に重くのしかかっている。

検閲の常態化

南方週末事件からしばらく、事前検閲は緩和されたが、半年後に元に戻った。採用スタイルは大きく変わった。従来は編集部門が他社の優秀な記者を引き抜くのが主流だったが、事件後は社内の党組織が採用を担当し、記者経験のない新人を中心に面接するようになった。

当局に抵抗した一線の記者や編集者は次々と退社。かつては理想に燃えるメディア人ほど広州を目指したが、事件後は志のある記者ほど業界を離れていった。記事は党の機関紙と大差なく、自由主義を体現したかつての紙面は見る影もなくなった。

一方、副部長だった楊は事件から数カ月後に中国政府の香港出先機関である「香港連絡弁公室」の副主任に起用され、二〇二〇年まで務めた。香港での民主的な選挙実現を求める大規模なデモが起きた際はデモに批判的な世論作りに辣腕を振るい、高度の自治を認めた「一国二制度」の形骸化に一役買った。

編集長の黄は同紙総裁に就任し、その後同紙などを発行する「南方報業メディアグループ」の副編集長にまで昇進した。

そして庹震は党中央宣伝部副部長、人民日報社長へと、経済日報時代と同じように出世の階段を駆け上がった。

南方週末の精神を死に追いやった主要人物は軒並み重用された。一連の検閲が習指導部の意向を反映していたことを物語っている。

騒動のきっかけが同紙への露骨な引き締めだったことから、南方週末事件は「起きた」というよりも当局の挑発によって引き起こされたに等しい。結果として中国メディア全体を萎縮させた。「南方週末ですら動かせなかった山を、ほかのメディアが立ち向かえるはずがない」。今では各紙への苛烈な事前検閲は常態化しているが、記者側に反旗を翻す動きはない。当局目線で考えれば見せしめとして大きな効果を挙げたことになる。

遺言

北京が豪雨に見舞われてからちょうど九年後の二〇二一年七月、河南省の省都、鄭州市は記録的豪雨により広範囲で冠水。地下鉄の駅や線路に濁流が入り込み、乗客らが車内に閉じ込められた。

救助活動は遅れ、水が引くと溺死した市民の遺体が次々と路上に投げ出される凄惨な光景が広がった。死者は省全体で四百人近くに上った。

「千年に一度」(気象当局)の雨による大災害だったが、犠牲者の名前や当局の失態を深掘りする南方週末の存在もなく、無味乾燥な死者数が公表されるだけで、悲劇は人々の記憶からすぐに消え去った。

当局に改竄される前の二〇一三年の南方週末新年社説は次のように記していた。

「憲政を実現し、権力を制限し、分権を進めてこそ、公民たちは大声で権力を批判することができ、わたしたちは自由で強い国をつくることができる」

二　全体主義が生まれた日

広東省広州市の中山大学は中国革命の父、孫文が創設した。その大学名は孫文に敬意を払い、号である孫中山に由来する。孫文の精神を受け継ぎ、自由闊達な校風で知られる。

二〇一〇年、哲学者、劉小楓教授が同校で開いた政治思想に関する講義には千人近くの学生が詰めかけた。若者たちは社会に広がる経済格差に不満を感じつつも、金儲けにはさほど関心がなかった。

中国は九年前に世界貿易機関（ＷＴＯ）に加盟、製造業が発展し「世界の工場」となった。二〇〇八年には北京五輪を開き「一つの世界」のスローガンを掲げて各国の「友人」を笑顔で迎え入れる姿勢を見せた。

若者たちにとって民主主義はもはや遠い国の話ではなかった。天安門事件で民主化要求運動は武力弾圧されたが、政治改革への欲求は中国の若者の胸に着実に育っていた。
中山大学に集まった学生たちは、国家とかイデオロギーとか抽象的な概念より、人生をどう生きるべきかの解答を切実に求めていた。思想の傾向は人それぞれだが、若い知識人らにとって「中国の民主化は自明のもの」（聴講した同大学生、一九九三年生まれ）と考えられていた。二年後に「習近平時代」が始まるまでは。

九号文件

コーヒーにミルクを垂らせば、じわじわと浸透する。交わることを拒むには、いち早くコップから抜け出すか、コップをひっくり返すしかない。均衡が生まれるまでの短い〝もがき〟を経て、気付けば全体が変色している。

国が全体主義に染まるプロセスは、こんなふうにイメージできるかもしれない。私の知る限り、近年の中国にその〝一滴〟が密かに垂らされたのは二〇一三年四月二十二日だった。

この日、中国共産党中央弁公室は「現在のイデオロギー分野の状況に関する通知」と題する文書を内部向けに通達。同弁公室が一三年に発した九番目の文書であることから「九号文件」と称される。

要は「米欧主導の普遍的価値観を中国から排除し、党のイデオロギーで全体を染めよ」と号令をかける内容だった。

九号文件は形式的な通達にとどまらず、中国を一変させる威力を持った。同年一月五日に開かれた会議における新人の最高指導者の肉声をほぼそのまま反映していたためだ。

「道はわが党の命である」

総書記になったばかりの習近平はその日、中国共産党中央委員会の新体制メンバーを前に、「道」について説いた。ここで言う「道」とはイデオロギーのことだ。

習は、党には「改革・開放の前と後の二つの歴史的時期がある」と前置きした。

その上で「二つは決して分断されているものではないし、ましてや根本的に対立するものではない。改革・開放後の歴史的時期で改革・開放前の歴史的時期を否定することはできないし、改革・開放前の歴史的時期で改革・開放後の歴史的時期を否定することもできない」と述べた。

左派は言う。改革・開放路線以降、中国は社会主義のイデオロギーを忘れ、金儲けに腐心し、資本主義国家へと成り下がった。

右派は言う。毛沢東が主導した経済政策や文化大革命に代表される政治闘争が完全な誤りだった。改革・開放路線の成功がそれを如実に物語っている。

習近平は党の歴史に分断などないとして、こうした論争にくぎを刺した。

新総書記は左右のどちらを向いているのだろう――。党幹部らは習の発言の真意を注意深くくみ取ろうとした。

習近平はさらに続ける。

「考えてみるといい。当時、毛沢東同志を完全否定していれば、党は成り立つだろうか。わが国の社会主義制度は成り立つだろうか。成り立たない、成り立たなければ天下大乱だ。つまり、改革・開放前後の社会主義の実戦と模索の関係を正しく整理することは、単なる歴史問題ではなく、もっと重大な政治問題なのだ」

習の言葉に、左派は安堵した。経済成長と思想開放の雰囲気の中で存在感を増した改革派を牽制し、改革・開放以来の論争に決着をつけ、党内の保守派（紅二代、左派）に軍配を上げたためだ。

改革・開放前後の歴史を首尾一貫したものとして整理し直す、という習の悲願は、約九年後に「歴史決議」という形で実現する。

習近平は西側の価値観をほぼ完全否定した。党はその内容を公式文書とし、九号文件としてまとめた。ハレーションの大きさを警戒したとみられ、通知文は非公開扱いになった。一方でこの内容を実行に移すことを極めて重視し、イデオロギー工作の最前線である学校関係者、報道機関、社会科学院などに真っ先にその精神が口頭で伝えられた。

七不講

「大学をつぶすつもりか」。上海華東政法大学教員の張雪忠は「中央の精神」を伝え聞いて絶句した。
大学側は教職員に対し、教室で以下を順守するよう通達した。

普遍的価値を語ってはいけない
報道の自由を語ってはいけない
公民社会を語ってはいけない
公民の権利を語ってはいけない
党の歴史上の誤りを語ってはいけない
資本と癒着した高官の階層について語ってはいけない
司法の独立を語ってはいけない

胡錦濤指導部（二〇〇二〜一二年）は急速な経済成長を実現したものの、政治体制改革は遅々として進まなかった。習近平新指導部が発足すると、知識人の間では政治改革や「憲政」実現への期待が高まっていた。「中央の精神」はこうした見方に強烈な冷や水を浴びせかけるものだった。
張雪忠は怒りを込めて、「中央の精神」を「七不講（七つの語ってはいけない）」と名付けて自身の交流サイト（ＳＮＳ）に公開した。これが九号文件の一端が公になった最初のケースとみられる。

張のアカウントはすぐに削除された。その後、大学を解雇された。

「七不講」は習近平の政治姿勢を示唆するもので、新指導部が中国をどちらの方向に率いていくのかを探る重要な手掛かりとして高い関心を集めた。ただあまりの左傾ぶりに、改革派は半信半疑の姿勢を取った。「ノイズにすぎない」（王名・清華大公共管理学院教授）と取り合わない人も少なくなかった。党の左派が悪あがきをしているだけで、習近平はあくまで改革派なのだ、と。

名門、北京大の改革派の教授は当時、「七不講」が事実であると確認した上で、「私はこう考えている」と前置きし、楽観的な見通しを示した。

「中国という車が交差点の手前を走っている。車は左ウインカーを出して左に曲がろうと見せかけ、実際は右に曲がる。左には文化大革命、毛沢東がある。右には市場化、社会の自由化がある。左のウインカーを出しながら実際は改革を進める」

語ってはいけない

「七不講」は九号文件のエッセンスを凝縮して教育機関や政府系シンクタンクに通達されたものだ。

九号文件はイデオロギー工作について七つの禁止事項を列挙している。

西側の憲政・民主を喧伝して、現在の指導者を否定し、中国の特色ある社会主義の政治制度を否定する

「普遍的価値」を喧伝し、党による執政の思想的・理論的基礎を揺さぶる

公民社会を喧伝し、党の執政による社会的基礎を瓦解させる

新自由主義を喧伝し、わが国の基本的な経済制度を変える

西側の報道観を喧伝し、党がメディアを管理するというわが国の原則や報道出版管理制度に挑戦する

歴史的ニヒリズムを喧伝し、中国共産党の歴史や新中国の歴史を否定する

改革・開放に疑義を呈し、中国の特色ある社会主義の社会主義的な性格に疑義を呈する

九号文件は、人心が中国共産党から離れていることへの危機感が背景にあった。ただし、指導部は統治の在り方に問題があるとは考えない。むしろ「西側の価値観」が中国社会をむしばんでいるためだと見なす。

九号文件の狙いは、思想統制によって「西側の価値観」を中国大陸から排除し、人心を取り戻すことだった。当局は、そのためには軍隊や警察、秘密警察といった暴力装置を用いることも是認した。

文件は、インターネットの掲示板、ブログ、微博、大学の授業、報告会、シンポジウム、民間の読書会、個人出版物、西側の在中国大使館、報道機関、非政府組織（NGO）を、「誤った思潮」が浸透し、拡散される拠点として問題視している。実際に、習近平指導部発足後、これらのプラットフォームや組織はことごとく取り締まり、監視の対象となる。

また「米国をはじめとする西側諸国はグローバル化を名目に新自由主義を推し進め、中南米、ソ連、東欧諸国に惨憺たる結果をもたらした」と強調。習近平の〝ソ連崩壊のトラウマ〟(後述)が反映されていた。

九号文件は、欧米の西側諸国と中国内の反対勢力が結託し、反体制活動を展開しているとの陰謀論を強く示唆。その上で党がメディアを厳しく管理し、イデオロギー工作を徹底しなければ党は権力を失ってしまうと力説している。

一九八九年に中国指導部が、民主化要求運動を武力弾圧した際のロジックをそのまま継承していた。一九八〇年代以降の開放路線によって広がった政治改革の火を消し去るという、習近平に代表される党内左派の願望を実現させるものだった。

九号文件は「一部の者」が天安門事件の再評価を求め、「党や政府に対する不満をあおっている」と批判している。

天安門事件で民主化運動に関わった元活動家や、弾圧の犠牲者遺族はよく「事件はまだ終わっていない」と訴える。

確かに事件はまだ終わっていない。中国指導部は、いまだに天安門広場に集まった学生たちの影に怯えている。

国家機密

食後のコーヒーは、ミルクと溶け合って変色していた。二〇一四年四月二十四日。北京を東西に走る目抜き通りの長安街沿いにある高級ホテル、セントレジスの和食レストランで、ジャーナリストの高瑜は日本大使館員とランチを共にした。高瑜は続いて、斜向かいにある長富宮飯店でオーストラリアメディアの取材を受けた。

外国の外交官やメディアは、習指導部の方向性に強い関心を持っており、高瑜に見解を問うた。

高瑜は九号文件が発出されて間もないころに、旧知の共産党長老からその内部文書について聞かされた。だが毛沢東時代に回帰するかのような内容をいぶかしく思い、「今時、こんな馬鹿げたことをするはずがない」と真に受けなかった。

午後四時半ごろ、高瑜が長富宮飯店を出ると、長安街で待ち構えていた北京市公安局の警察官らに連行された。ほぼ同じ時刻、当局は高瑜の自宅を捜索し、息子も取り調べた。

五月八日、中国国営メディアは、高瑜が「中国共産党中央の機密文書を違法に取得し、海外のウェブサイトに提供した」とし、国家機密の違法漏えいの疑いで北京市の警察に刑事拘束されたと一斉に報じた。

高瑜にとって、生涯三度目の投獄だった。

当局が言う「国家機密」とは九号文件のことだった。これにより、皮肉にもあの「馬鹿げた」文書が正真正銘の公式文書であることが間接的に証明された。それまで「習には政治改革の意思があり、九号文件は噂にすぎない」と考える改革派知識人がなおも存在していたが、「習は右か左か」論争に終止符が打たれた。

習近平は正真正銘の「左」だった。

裏切られた期待

高瑜の北京の自宅には飼い猫とも野良猫とも判別しがたい猫がわが物顔でうろちょろしている。リビングの隅っこで出産したりするので、曇りの日はむん、とにおう。

高は二〇一九年四月二十三日に刑期を終えた。自身が投獄されたのは、北京市公安局長だった傅政華＝後に収賄などで執行猶予二年付きの死刑判決＝が権力者に取り入る内幕を暴露した報復と確信している。ただ大きな背景には、党支配体制の否定につながる「危険思想」の担い手を徹底排除する習指導部の姿勢があった。

釈放されてからも当局の監視下にある高。毎年、天安門事件の節目の日である六月四日が近づくと、当局者が「旅行」と称して郊外に連行し、軟禁状態に置かれる。

私はしばしば高瑜の自宅に通った。猫に邪魔されながら、中国随一のジャーナリストから融通無碍な中国論を聞くのは至福の時間だった。

「習近平の総書記就任に一役買ったんですよね」と水を向けると、高瑜は大きな猫を捕まえて、「とんだ見込み違いだったよ」と豪快に笑った。

三　拷問いすに縛り付けられた日

八一九

一九九一年のソ連崩壊は習近平のトラウマになっている。

習は福建省福州市に勤務していた際にその日を迎えた。三十八歳だった。

中国共産党はソ連流の社会主義モデルを標榜し結党された。習の父、故習仲勲元副首相も初期メンバーとして革命に加わった。ソ連共産党とは後に対立関係に陥ったが、その存在は中国共産党の、そして習のアイデンティティとも結び付いていた。それがあっさりと政権の座を譲り渡してしまった。忠誠を誓ったはずの人民もあっけなく党を見放した。党と人民の結束など砂上の楼閣にすぎなかった。

「ソ連はなぜ解体したのか？　ソ連共産党はなぜ崩れたのか？　重要な原因は信念が揺らいだことだ。一夜にして城壁のてっぺんが敵の旗に変わってしまった」

二〇一二年十一月に最高指導者となった習は翌月に広東省での党内部会議で、ソ連崩壊の教訓を全党員が学ばなければならないと訴えた。特に許せなかったのが、ソ連共産党員の体たらくだ。「立ち上がって闘おうとした男は一人もいなかった」。習は語気を強めてののしったという。

習は二〇一三年八月十九日に思想と宣伝に関する会議を開き、社会主義の価値観を徹底的に浸透させるよう呼び掛ける講話を発表した。

八月十九日はソ連解体の引き金となった保守派クーデター未遂事件が起きた日だ。習はあえてこの日を選び、後に「八一九講話」と呼ばれる演説を発表。「イデオロギー工作」の重要性を訴えた。

ソ連共産党の二の舞とならないよう、習が特に重視しているのが思想統制だ。香港人であれ少数民族であれ、中国大陸の圧倒的多数を占める漢族と思想を統一しなければならない。習指導部が唱える「中華民族の偉大な復興」や「団結」といった言葉には、国民の「脳」の同質化という意味合いが潜んでいる。

全くの偶然にすぎないが、習が北京で「八一九講話」を発表した日――二〇一三年八月十九日――、辺境の新疆ウイグル自治区カシュガル地区で四十歳のウイグル族作家アブドゥエリ・

アユプは受難の日を迎えていた。彼は黒い布をかぶせられ、公安車両で連行された。「米国で独立派組織と接触していたんだろう」。動くと針が刺さる拷問用のいすに固定されたアユプは、警察官の質問に首を振り続けた。正面に尋問係が座り、左側に電気棒を持った男、右側に筆記係、そのほかに二人の武装警察がいた。

警察官は三十分ごとに電気棒を充電しては押し当てた。狭い部屋で電気ショックを受けながら、アユプは「この国にもう居場所はない」と悟った。

テロリスト

一九七三年にカシュガルで生まれたアユプは九二年に北京の中央民族大に進学。少数民族の融和を目指す「シルクロード交流協会」を組織し、ウイグル族、朝鮮族、モンゴル族、カザフ族の学生らに交流の場をつくった。学校から共産党入党を勧められたが、共産主義は共感できず断った。卒業後は教師になった。

二〇〇一年九月十一日の米中枢同時テロの直後。甘粛省蘭州の西北民族大で、ウイグル文学の教師を務めていたころの出来事だ。

柔らかい日差しが降り注ぐベンチに腰掛けていると、漢族の少女が駆け寄ってきた。「おじさん、あなたはビンラディンなの」。イスラム教徒のアユプは絶句し、笑顔の少女の澄んだ瞳を見つめた。国際テロ組織アルカイダの指導者ウサマ・ビンラディン容疑者と自分は、似ても似つかない。

テロ以降、ウイグル族が多数住む新疆ウイグル自治区では、中国当局の監視が強化された。テロとの戦いを呼び掛ける米政権に便乗し、中国はテロ対策としてイスラム教徒のウイグル族を次々と摘発。多数派の漢族の間で「ウイグル族はすりかテロリスト」とのイメージが定着させられていった。

自治区と隣接する甘粛省の蘭州でも雰囲気は一変した。アユプは当時、大学の教室に入ると、学生たちの顔がこわばるのを感じた。バスに乗れば周りの客が自分を避けるようになった。街頭では自治区で誘拐されたウイグル族の子たちが犯罪集団の一員にされていた。

「このままでは民族が分断される」。アユプは大学で英語のスピーチコンテストやサッカー、ダンス大会などを主催。漢族、ウイグル族、モンゴル族、チベット族の学生に参加を促した。「私たちは敵同士ではない」と伝えたかった。

二〇〇七年に自治区の区都ウルムチ市の新疆財経大に赴任してからも、漢族の学生らにウイグル語やウイグル族の文化を積極的に伝えた。ある日、漢族の学生たちに持ち掛けた。「モスク（イスラム教礼拝所）に行ってみないか」。テロ対策の強化以降、モスクは危険な場所との印象を持たれていた。授業を通じてイスラム文化への興味を持ち始めていた学生たちは関心を示した。

ところが大学側はアユプの計画を阻止した。「本当の分裂主義者は誰か。私か、それとも大学か」。アユプは学生を前に、怒りをぶちまけた。

理想の教育を行えないことに失望し、二〇〇九年六月に留学のため渡米した。翌月、抑圧への不満を爆発させたウイグル族による大規模暴動がウルムチで発生。漢族と衝突し、約二百人が死亡した。

暴動後、政府はウイグル族の取り締まりを加速させた。そんな中、アユプは二〇一一年、ウイグル族が置かれた状況に危機感を覚え、あえて帰国を決意する。故郷の自治区カシュガル地区でウイグル族の子どもたちを対象に幼稚園を開設。米国式の教育を取り入れつつ、英語、ウイグル語、中国語を教えた。使用が制限されていたウイグル語を守ることが目的だった。

拷問

アユプが幼稚園の改修工事に立ち会っていると、三人の私服警官が無言で近づいてきた。警官はみなウイグル族だった。妻と二人の娘が留守番をする自宅を百人の武装警察が囲んだ。

拷問に掛けられたアユプは、取り調べで米国に亡命したウイグルの人権活動家ラビア・カーディル氏とのつながりを聞かれた。容疑は自分と関わりのないことばかりだった。検察官は「経済犯罪を受け入れるか。そうでなければ分裂主義に問う。どちらを選ぶ」と告げた。

裁判は奇妙なものだった。取り調べの際は分裂主義者の疑いがかけられたが、身に覚えのない経済犯罪で起訴され、懲役一年三月の実刑判決を受けた。幼稚園運営に協力した仲間たちも投獄された。

刑期を終えたアユプは亡命を決意。公安当局のシステムエラーで前科が表示されず、奇跡的にパスポートを取得することができたのも幸いし、四十歳の妻、ミフィギュルと十二歳、六歳の娘を連れてトルコに渡った。

ソ連の教訓

アユプが投獄されていた二〇一四年四月、習はアユプの実家の近くを視察していた。新指導部としての新疆統治方針を決めるためだった。

習は視察先で二〇〇九年の大規模暴動に言及し、民族の分裂を阻止するため軍・警察が中心の社会をつくる必要があると強調。「転化」という言葉を使い、教育を通じて思想改造を進め、テロにつながる「過激思想」を取り除く構想を明かした。

習の視察直後に自治区のウルムチ駅で爆発が起こり、三人が死亡、約八十人が負傷した。党関係者によると、習は自身を狙ったとみられる爆発に激怒したという。

北京に戻った習は新疆統治方針に関する党指導部の会議を開催。ドイツ人のウイグル専門家アドリアン・ツェンツ氏が入手した機密の会議録によると、習はこのときもソ連の教訓に言及した。

「(旧ソ連圏だった)リトアニア、ラトビア、エストニアはもともと経済が発達した地域だった。

結果的に率先して（崩壊直前の）ソ連から独立してしまった」「新疆はここ数年、発展の速度が速く、人民の生活水準は高まっているが、民族分裂活動やテロ活動は依然として勢いづいている。つまり、経済発展が自然に安定をもたらすわけではないのだ」

習の前任者の党総書記、胡錦濤の時代は、治安悪化の背景に民族間の格差があると見て、経済振興や貧困対策に力点を置いた。しかしそれでは手ぬるいと感じた習は次のように強調した。

「イデオロギー工作とはつまるところ人間をつくる工作だ。末端群衆を対象とし、特に重点層を抑えなければならない。知識人こそが重点層の一つだ。（二〇〇九年）七月五日の大規模暴動では、一部の大学生が利用されてお先棒を担いだ。レーニンは人民に政治教育を行うことこそがわれわれの旗印であり、すべての哲学的意義だとみなしていた。大学で思想政治工作を強化し、青少年への政治思想教育を強化しなければならない」

脳の改造によってウイグル族の宗教観や歴史観といった属性を取り除き、党が打ち出す世界観を植え付ける——そうした習の政治思想が新たな新疆統治の基本路線となった。

指導部会議では、ビッグデータなど最新技術を活用した死角のない管理体制を構築するほか、少数民族を対象に「職業教育、技能訓練」を本格実施することを確認した。

陳全国

ウイグル族から蛇蝎のように嫌われている男がいる。

二〇一六年八月に自治区トップの党委員会書記に就任した陳全国だ。一九五五年河南省生まれ。二十歳で入党し、同省で官僚の道に進む。二〇一一年から一六年までチベット自治区トップの党委書記を務め、チベット族の抗議活動などを厳しく抑え込んだことで名が知られるようになった。

二〇一七年十月の第十九回党大会を経て指導部を構成する政治局員に昇格。新疆ウイグル自治区トップを四年余り務めた。その間「再教育」「職業訓練」などの名目でウイグル族を次々と拘束。二百万人とも言われる大規模な強制収容は極めて深刻な人権侵害として国際社会を震撼させた。陳は米政府の制裁対象にもなっている。

自治区南部ホータン地区にタワンクリという小さな村がある。タリム盆地近くの村は住民約二万人の九十九パーセントがウイグル族で、民族意識が強く当局が反政府活動を警戒して重点的に取り締まった地域だ。

村出身のアブディ・メジット（トルコ在住）によると、二〇一四年ごろにウイグル族の思想統制を担う「再教育グループ」が村にやって来た。当初、グループのメンバーの多くはウイグル族で、管理はそれほど厳しくなかった。

ところが次第に漢族が増え、住民の信仰状況や国への考え方を念入りに調べるようになった。メジットのイスラム教聖職者の父親も聴取され、「なぜ共産党に入らなかった。この国で入党しないのは罪だ」と追及されたという。

陳全国が自治区トップとなった翌月の二〇一六年九月、住民が集会所に集められた。グループのトップは「陳全国書記の指示」としてオンラインを使った思想教育を開始。グループの大半は北京などから派遣された漢族と入れ替わり、締め付けが格段に強まった。

グループは三日に一度のペースで各家庭を訪問。①モスク（イスラム教礼拝所）に通っている②イスラム教の聖典コーランを所有している③髭を伸ばしている④海外を訪れたことがある⑤外国に身内がいる――などの項目で住民に点数を付け、低いと要注意人物として収容所送りとなった。

「腕時計を付けている」という〝罪〟で拘束された人もいた。村に重苦しい空気が流れた。メジットも二〇一七年に拘束された。収容を恐れ、コーランを燃やそうとした家族に「これは政府の許可を得た出版物だ」と述べたことが問題視された。当局が収容施設に送るかどうかを判断するまで三カ月ほど監禁され、釈放された。

同村出身のアジス（トルコ在住）も「陳がトップとなった二〇一六年から締め付けが厳しくなった」と証言する。同年十二月には両親や兄弟が収容施設に送られた。村から大人が姿を消し、残された子どもたちは当局に連行され、中国語や中国人としての精神を学ばされたという。

当時、住民の間に陳全国のある言葉が広まった。「あいつらウイグル族は厳しく締め付けないと野蛮に反撃してくる」。陳は弾圧の象徴として恐れられ、憎まれた。

二つの新疆

新疆の取材は難しい。

海外に亡命したウイグル族が語る新疆での当局の苛烈な弾圧はディストピアそのものだ。一方で中国共産党が描く新疆は、人々が平穏で満ち足りた生活を送っており、既にユートピアを実現したかのようだ。

真逆の二つの新疆。どちらが本当なのか。

二〇一一年以降、何度となく足を運んだが、そのたびに当局の監視や尾行、拘束、尋問、パソコンデータの削除などさまざまな妨害を受け、まともな取材は不可能だった。特に一六年以降は当局者を除くすべてのウイグル族の知人と連絡が途絶えた。

二〇一八年にはカシュガル地区を歩いていただけで銃を持った六人の武装警察に囲まれた。かつてはカラフルな民俗衣装が行き交い、開放的だったナイトバザールでは、出入り口で物々しい安全検査が行われ、市民を威嚇するように隊列を組んだ特別警察がにらみを利かせていた。

この時期の陳全国の幹部会議での発言録を、アドリアン・ツェンツ氏が入手し、公表している。

それによると、陳は二〇〇九年の大規模暴動の反省点は「誰も発砲を命じなかったことだ」とし、「当局に挑戦してくる者はまず射殺し、その後に報告せよ」と命じた。「テロとの闘い」や、過激思想を取り除くための「転化」教育を継続すると強調。そして「習近平総書記を安心させよ」と述べていた。

現地の異様な警戒ぶりと亡命ウイグル族の証言、流出した内部文書を総合すると、自治区でここ数年、度を越えた抑圧統治が行われた可能性は高い。

二〇一九年三月、北京で開かれた全国人民代表大会の新疆ウイグル自治区の分科会を取材した際、陳を間近で見た。

陳は覇気のない声で「メディアの長期にわたる新疆への関心に感謝する」と述べ、記者席を一瞥した。分科会後に「質問を受ける」とは言ったものの、質問の機会を与えられたのは人民日報など共産党・政府系メディアのみで、しかも回答は別の幹部に任せ、自ら質問に応じることはなかった。

ウイグル族への弾圧が国際社会で注目を集めていただけに、消化不良な記者たちは分科会終了後も会議室前から立ち去らなかったが、警備当局者に排除された。

転換点

党への裏切りは許さない。ソ連崩壊のトラウマにより、人民に絶対的な服従を迫る習。

アユプは教育を通じて、漢族と少数民族が互いに異なる言語や歴史、文化的背景を持つことを理解した上で、違いを認め合い、自分たちが所属する共同体にともに貢献する状況をつくろうとしていた。

中国共産党がそのかけ声の通りに民族融和を実現するには、アユプのような人物を味方に付けるべきだった。しかし、見せかけの安定と漢族との思想統一に固執するあまり、拘束を正当化するために無数の「テロリスト」を生みだし、体制に不都合な存在を排除。わずか数年で社会の同質化を強引に進めた。

二〇一三年八月十九日に中国で起きた、北京での習の「八一九講話」と、新疆ウイグル自治区でのアユプへの拷問に直接的な関係はない。だが時代背景を俯瞰してみれば、異なる考え方や思想、信仰を持つ人々が平和的に共存する最後の努力が奪われ、民族の自治や平等、団結といった幻想が消滅に向かった転換点に思えるのである。

二〇一九年三月、トルコ・イスタンブール。私は多くのウイグル族亡命者が暮らす地域の喫茶店でアユプと落ち合った。中国籍を捨てたが、トルコ国籍取得が難航し、無国籍のままだった。労働許可が下りず、ウイグル語の教科書などを自費出版して生計を立てているという。同様に祖国を追われたウイグル族の多くは難民申請に苦労し、彼らの子どもたちは正規の教育を受けることができない。

「甘粛省であなたをビンラディンと呼んだ少女に、どう答えたのですか」。こう質問すると、アユプの目に涙が浮かんだ。僕はね、こう言いました。「お嬢さん、僕はビンラディンではないし、悪魔でもない。僕はウイグル族で、君と同じ人間なんだよ」

第Ⅲ章　いびつな法の支配

北京の自宅で妻の李文足（左）、長男（右）を
抱きしめる王全璋（関係者提供）

一　「法」が消えた日

水が高いところから低いところへ行き渡るように、「法」はあまねく人々を潤す。「法の下の平等」は痛快だ。法律の前では、権力も社会的地位も財産も意味を失い、リセットされる。人権派弁護士、王全璋は中国で法の正義を追い求めた末、真夏の山東省で潜伏生活を送る羽目になった。

二〇一五年七月九日未明から八月にかけて、公安当局は全国各地で人権派弁護士や活動家らを次々と拘束した。

中国共産党はその前年の十月に開かれた第十八期中央委員会第四回総会（四中総会）で「全面的な法治の推進」に関するコミュニケを採択。党が司法に介入する「社会主義法治」体制が強化されていた。

法は、「共産党」と同義である「国家」の体制維持を保障する手段としての性格がより強まった。そうした文脈で国家安全法が導入され、党の法治に異を唱える法律家らは「国家の安全」を脅かす存在として真っ先に排除の対象となった。一斉摘発の影響を受けた弁護士らは約三百人に上るとされる。

摘発が始まったのが七月九日の木曜日だったことから、抑圧は「七〇九事件」「暗黒の木曜日」と呼ばれる。

七〇九事件では、社会的に弱い立場にある人たちを法的に支援する「北京鋒鋭弁護士事務所」が狙い撃ちされた。同事務所は、警察の市民への暴力や拷問の実態を暴露し、世論を刺激しながら当局に圧力をかける手法をしばしば取った。当局は事務所を「騒動を挑発し社会秩序を乱した重大犯罪グループ」と敵視し、主任弁護士、周世鋒や関わりのある弁護士の王宇、李和平らを拘束した。

三十八歳の王全璋は大規模な摘発が始まった翌日の七月十日早朝に異変を知った。当時、自宅がある北京から山東省に出張中だった。自身も北京鋒鋭弁護士事務所と深く関わっていたため、捕まるのは時間の問題だと悟った。

捕まればどこに連れていかれ、どんな罪で、どれぐらい自由を奪われるのだろう。王は、中国で迫害を受けている非合法の気功集団「法輪功」のメンバーらを法的に支援してきた。拷問による自白の強要や、証拠のでっち上げなど当局の陰惨な取り調べの実態を熟知していた。

当局が事実を歪曲し、強引な法解釈で自身を犯罪者に仕立て上げるのは目に見えている。王全璋は身辺整理をしなければと思い立ち、両親宛の手紙を急いで記した。

お二人に平伏します。息子は親不孝者です。

政府発表を通じて私たち（弁護士）が置かれた状況を知ることになるでしょう。当局にコントロールされたメディアが、どんなに私たちを忌々しく、ばかげた人物として描こうとも、お父さん、お母さん、あなたの息子を信じてください。私は、お二人から受け継いだ誠実さや善良さ、正直さの美質を捨てたことは一度もありません。

人権擁護に従事し、この道を歩んでいるのは、決して気まぐれではなく、天性のもので、心の叫びなのです。どうか私のことを誇りに思ってください。周囲の環境がどれほど劣悪でも、必ず力強く生き続けます。雲間から光が差し込む日まで。

王全璋は手紙を友人に託すと、カフェで警察が来るのを待った。だがいつまでたっても現れない。それならば、と隠れることにした。

携帯電話から行動履歴が割れる可能性があるので、個人情報が記録されたＳＩＭカードを廃棄し、新たな携帯電話を入手した。山東省済南市は地元で土地勘があり、知人を頼ることもできた。

潜伏中も追っ手が来る気配はなかった。三週間ほど過ぎると気が緩む。王は夜中に、かつてよく利用していた二十四時間営業のプールに出かけた。途中で一台の車が追いかけてきて、「プールはどこですか」と聞かれたので、道順を教えた。

なんとなく様子がおかしい。プール施設の周りに停車中の車はライトが消えているが、エンジンがかかっている。午前零時半だというのに、泳いでいる人もいた。普段、この時間に利用客はほとんどいないのに。

違和感を覚えながらも、一時間ほど泳いだ。プールを出て帰宅しようとすると、施設は七十人ほどの警察官に包囲されていた。

王はミスを犯していた。一度だけプールの周辺で携帯電話の電源をオンにしたことがあった。当局はそれをきっかけに位置情報を捕捉し、何日間も二十四時間態勢で警戒を敷いていたのだ。先ほど道を尋ねたのも警察官だった。まんまと行き先を教えてしまった。

王全璋の束の間の潜伏生活は八月四日に終わった。

二つの法治

二〇一八年の年の瀬、中国式法治と、民主主義国の法治がせめぎ合うような事件が起きた。同年十二月十日夜、北京市国家安全局は、北京でカナダの元外交官マイケル・コブリグを拘束。中国の国家安全に危害を与える行為に関わった疑いがあると主張した。

カナダ司法当局はその数日前に、米国の要請を受けて中国通信機器大手の華為技術（ファーウェイ）の副会長兼最高財務責任者（ＣＦＯ）、孟晩舟を西部バンクーバーで拘束していた。孟には、米国による対イラン制裁に違反した疑いが持たれていた。

中国政府は「重大な人権侵害」と強く反発し、釈放を要求。カナダ政府は、孟の移送に関する審理や手続きは司法の判断に委ね、政府が介入すべきではないとして「法の支配」に従う立場を繰り返し強調した。

中国外務省は、コブリグの所属するシンクタンクが「中国で登録されていない」と主張し、拘束が法的措置であると正当化した。しかし実態は中国の報復であり、法律の恣意的な運用で〝人質外交〟に着手したのは明白だった。

中国当局はカナダの米国追随を非難するよう世論を煽った。中国国内ではカナダへの反発が拡大。世界的に人気の高級ダウンジャケット・ブランド「カナダグース」は、十二月に予定していた中国本土での第一号店となる北京店の開業を延期した。

北京の冬は寂しい。

集中暖房のために燃やされる石炭の灰で街全体が白く濁り、空は天井の低い安宿のように重苦しく、槐も枯れて生気を失う。

クリスマスの翌日の午前四時、私は目覚まし時計が鳴るのを待たずにベッドから起き上がり、コートに腕を通した。このとき、天津の看守所にいる人権派弁護士の王全璋が同時刻に起床していたことなど知るよしもなかった。

コーヒーを飲んで自宅を出発し、車で二時間ほどかけて天津市の第二中級人民法院（地裁）

に到着した。午前八時半から、王全璋の初公判が開かれる。裁判所周辺には私のほかにも多くの海外メディア関係者が詰めかけた。当局は裁判所を囲むように規制線を張り、百人以上の公安関係者を配置。周辺道路は封鎖され、厳戒態勢が敷かれた。

王の妻、李文足と息子が住む北京郊外の自宅は多数の警察官らに囲まれ、夫の公判が開かれる裁判所に近づくことさえ阻止された。

七〇九事件で連行された弁護士や活動家は、多くが「国家政権転覆罪」などで懲役六月〜七年の実刑判決を受けるか、執行猶予判決・仮釈放を言い渡された。

その中で、王全璋は特異な存在だった。山東省で忽然と姿を消してから三年半近くが経過していたが、家族や家族が依頼した弁護士と接見が許されず、「ブラックホールに吸い込まれたよう」（家族）に動静が一切伝わってこない。

当局が〝主犯格〟とみなした「北京鋒鋭弁護士事務所」の主任弁護士、周世鋒の審理は二年前に終了し、懲役七年の実刑判決を受けていた。周に比べて罪状が軽いはずの王の公判は開かれないまま千二百日以上拘束されている。

王全璋は過酷な取り調べにも耐え、たった独りで抵抗を続けているに違いない――。王全璋の周辺は、拷問を受けながらも無罪主張を続ける王の姿を想像し、安否を気遣った。「罪を認めて釈放を勝ち取る方が得策だ」と言う人もいた。

国際社会でも王全璋に対する人権侵害への懸念が強まった。国連人権理事会の強制的失踪作業部会は中国政府に、王に関する調査と権利保護を要求。ドイツのメルケル首相は憂慮を示した。

裁判所には米国、英国、ドイツ、スイスの外交官が駆け付け、「中国の人権侵害を非常に懸念している。傍聴はできないか」と出入国管理の当局者に詰め寄った。当局の女性は「中国の法手続きに基づき進めている。心配無用」とにべもなかった。

外国人記者の傍聴は当然のように許されない。欧米の外交官の前で、王全璋の支援者とみられる男性が地面に仰向けになると、警察が四人がかりで連行した。私がその様子をスマートフォンで撮影しようとすると、警察官にスマホをたたき落とされた。

開廷時刻となり、各国の記者数十人は氷点下の中、道路を挟んで向かい側の裁判所をじっと眺めていた。すると「法制在線」という腕章を着けた報道機関を装った集団が登場。外国人記者に手当たり次第にカメラとマイクを向け、「ここで何をしている。この裁判所では素晴らしい法治を実現している」などとまくし立てた。集団は外国人記者に対して「腕をつかんだ」などと言いがかりを付け、パスポートを奪った。当局の関係者であることは明らかだった。

また一般市民を装った中年の女性たちが記者の前で「中国は平和なんだから早く帰れ」と騒ぎ立てた。稚拙で露骨な嫌がらせに、現場の記者はあきれ、いら立った。

当局は王全璋の案件について「国家機密に関わる」との理由で審理を非公開とした。公判は即日結審し、後日判決が言い渡されることになった。

取材は何の成果もなかった。王全璋は本当にここにいるのだろうか。私は車に乗って去り際に、裁判所を遠巻きに眺めた。

取材を妨害した警察官の多くが「カナダグース」のダウンジャケットを着ていた。ふと、「近くで見ると悲劇、遠くから見れば喜劇」というチャップリンの言葉を思い出した。

取り調べ

真夏にプール施設付近で拘束された王全璋は、山東省済南市にある看守所の三十平米ほどの狭い部屋に閉じ込められた。取り調べはなく、朝六時から夜十時まで、二人の武装警察が部屋の中で王の前後に立って監視した。

部屋から出ることはもちろん、読書やテレビ鑑賞も許されず、ただ座っていることしかできない。若い武装警察は語りかけることもなく、息苦しい静寂が続く。王全璋は、山を駆け回っていた野獣が突然狭い檻に閉じ込められた気分になり、体中の血液が外に噴き出していくような苦痛を感じた。

数日後、北京南苑空港近くの国家安全局の看守所に移送された。そこでは空調の効いた部屋で冷水を浴びせられ、放置されるなどの嫌がらせを受けた。

だが本当の拷問が始まったのは九月下旬に天津市の「津安招待所」に移送されてからだった。

中国には、捜査当局が容疑者を逮捕前に拘束し、「招待所」や「研修センター」など刑事施設以外の場所で取り調べる「指定居住監視」という措置がある。最長六カ月とされるが、それを上回ることもある。その間、家族や弁護士を含め外部との連絡は許されない。完全な密室での取り調べを可能にする措置で、拷問や体罰、虐待の温床になっている。

七〇九事件で拘束された弁護士や活動家の多くは居住監視の措置が取られ、王全璋も例外ではなかった。

当局は当初、王の拘束理由について「尋衅滋事罪」(騒動挑発罪)の疑いがあると説明した。同罪は他人をそそのかして騒ぎを起こす行為に適用される。「騒ぎを起こす行為」の定義や範囲は曖昧で、インターネットの書き込みも対象になることがある。ポケットに好き勝手にモノを入れるように市民を拘束するイメージから同罪は「ポケット罪」とも揶揄される。

王への取り調べは主に①法輪功関係者の支援など過去に扱った案件②スイスやタイで受けた人権に関する研修③海外メディアから受けた取材――に集中した。当局は、王を犯罪者と仕立てるための材料をやりとりから探しているようだった。

王は自身が法を犯していないと確信していた。当局が描く犯罪の筋書きを拒否し、重複する質問には答えずに受け流した。いらだつ捜査官と一カ月余りにらみ合いが続き、当局はついにしびれを切らした。

ある朝突然、部屋の監視カメラの死角に押し込まれ、長い時間平手打ちを食らった。

またあるとき、取調官は朝六時から夜九時まで万歳の姿勢で立ち続けるよう命じた。疲れて手を下ろすと「売国奴」などと怒鳴られ、手を挙げるよう強制した。

食事は小さな小麦粉のかたまりしか与えられなかった。水を飲むのも用を足すのも許可と報告を命じられる。睡眠時には二人の武装警察隊員が脇に立ち、寝返りを打つと怒鳴られ、元の姿勢に戻された。

そんな日々が三カ月ほど続くと、全身がやせ細り、三分間も立っていられないほど衰弱した。もう一カ月ももたないだろう――。生きて日常に戻るのをあきらめた。すっかり気力を失い、取調官にどれほど罵られても「どうとでも言えばいい」と弱々しく返答した。

〝Law〟と「法」のあいだ

そもそも〝Law〟を「法」と漢訳したことが混乱の始まりだったのかもしれない。

習近平はとりわけ「法」を重視する。自身が最高指導者となった二年後に開いた四中総会でも「全面的な法治の推進」をテーマに選らんだ。

だが習が描く「法」のイメージは、日本人や欧米の人々のそれとはだいぶ異なる。

習は春秋戦国時代の思想家、韓非の著書『韓非子』を愛読書に挙げ、演説や内部講話ではしばしば同書を引用する。

韓非は、法によって国を治める法家《ほうか》の理論を打ち立てた人物だ。中国の歴史では法家と儒家《じゅか》の学派が鋭く対立し、法家が勝者となった。

韓非子は法についてこう記す。「図籍に編著し、官庁に設け、公布する者なり」（法者、編著之図籍、設之于官府、而布之于百姓者也）。

政府が定めた規則を公示し、従わせるのが法であった。法家思想においては、法は統治者の政治の手段であり、そうである以上、君主は法を超越している。

中国共産党は法家思想を継承している。習が四中総会で打ち出した「法治」は「党の指導」を堅持することが必須であると強調した。党の意思が法の根拠となる。

習に西洋式の「法」を受容する意識は薄い。"rule of law"というより"rule by law"に近いが、いずれも中国語では「法治」と訳される。中国も西欧も「法の支配」を重視しており、言葉の上では一致しているが、同じ対象を追求しているように見えて全く違う方向を向いている。だが中国は「法」に対する国内外の認識の違いを、意図的に使い分け、「法治国家」を偽装しているフシすらある。

国際法への態度も同じだ。南シナ海のほぼ全域に歴史的権利があるとした中国の主張を全面的に否定した国連海洋法条約に基づく仲裁裁判所の判断を、中国は「紙くず」として受け入れを拒んだ。法よりも党の利益が優先される。

取調官は王全璋に、罪を認めれば早く釈放すると示唆した。だが王は自身の行為が犯罪の構成要件を満たさない以上、認めるわけにはいかなかった。二〇〇三年に司法試験に合格して以来、自由で開かれた市民社会を国家の介入から守る近代法を信じた。

法的知識を用いて社会的に弱い立場にある人たちを支援することで、法の正義を実現しようとした。王は当局に屈して罪を認めれば、法によって権力を縛る近代法の原則を自らゆがめてしまうような感覚に陥った。

「利」を重んじる法家に対し、「民」を尊ぶ王全璋ら改革派弁護士や活動家は儒家の系譜に位置付けられるかもしれない。七〇九事件とは、民主主義が掲げる法の支配との習近平なりの決別であった。同時に、春秋から相も変わらず続く法家による執拗な儒家排除の側面を見て取るのは飛躍しすぎだろうか。

法の正義に取りつかれた王全璋は、消え入る瞬間のろうそくの火のように激しく、儚い抵抗を続けた。

私は無実だ!

取調官はついに自らが描いたシナリオを飲ませるのを諦め、公判手続きに進んだ。初公判の期日は欧米メディアの関心が集まらないよう、クリスマス休暇中の二〇一八年十二月二十六日とした。

同日午前四時、王全璋は起こされ、車で法廷に運ばれた。初公判が始まると、王は当局が手配した弁護士を被告人権利として解任すると申し出たが、裁判所は無視した。王全璋は「これは違法だ」と騒ぎ立て、審理は何度か中断されたが、即日結審した。

翌年の一月二十八日、天津市第二中級人民法院（地裁）は国家政権転覆罪で懲役四年六月の実刑判決を言い渡した。王が「反中勢力」の影響を受け、海外の組織から資金提供を受けながらインターネットを通じて政府を敵視する世論を煽り、政権転覆を図ったなどと認定した。

王全璋は一度、取調官に「あなたたちは私が言論を通じて国家の政権転覆を図ったというのでは政権転覆に当たる行為とは何を指すんですか」と逆質問したことがある。取調官は面倒くさそうに言った。「パソコンのキーボードを叩いて文字を入力しただろう。それが国家政権転覆行為だ」

政権転覆

二〇二〇年六月九日、私は果汁をたっぷりと含んだ中国新疆ウイグル自治区産のハミグワを手土産に、王全璋が住む北京郊外の自宅を訪れた。

王は二カ月前に刑期を終えて収監先の山東省臨沂《りんぎ》市の刑務所を出所。新型コロナウイルス感染症対策として約三週間同省で隔離された後、北京に帰宅した。約五年ぶりに妻、李文足と再会。三歳に満たなかった長男は七歳になっていた。

獄中生活を終えた王は、出所した今でも当局の監視下にあると言った。そのためか、伏し目がちで、やや挙動不審だった。

取り調べ中の凄惨な体験について表情を変えずに淡々と語っていた王が突然沈黙し、両手で顔を覆った。「ある日、壁の向こうから、とても苦しそうな空せきが聞こえました。おそらく彼も、私と同じような境遇だったのでしょう」。その人は王と同時期に拘束された仲間の弁護士の可能性が高いという。

当時の空せきの音が頭から離れないのか、眉間にしわを寄せて、おえつを漏らした。私はしばらく取材を中断した。

自身への拷問について語るときには涙一つ見せなかったが、他人の痛みを思い返すことが何よりも苦痛に感じるようだった。政権転覆をもくろんでいる男には、見えなかった。

二　三文芝居を演じた日

白シャツ姿の小太りの中年の男が、背中を丸めてうなだれていた。

二〇一六年八月二日、中国天津市の裁判所。国家政権転覆罪に問われた民主活動家、翟岩民《てき・がんみん》の初公判が開かれた。法廷にはテレビカメラやマイクが入り、国営テレビがその様子を放映した。

私は翟を知っていた。三年ほど前、中国で憲政の実現を目指す「新公民運動」と呼ばれる活動を取材した際、現場で顔見知りになった。その後も連絡を取り合い、天安門事件の経験や思想について腰を据えて語ったこともある。

あるとき、翟は新公民運動を主導して拘束された許志永の釈放を求める横断幕を掲げ、私に撮影を求めた。翟はしばらくの間、その写真を交流サイト（ＳＮＳ）のアカウントのアイコンにしていた。

愛国心の強さゆえに中国共産党と政府を心から嫌っていた。中国の極度に悪化した腐敗や人権状況を改めるには、政治改革しかないと信じる、反骨精神のかたまりのような人物だった。テレビの中の彼は、確かに顔見知りのはずなのだが、私の知る人物ではなかった。

翟はこれまでの自身の活動に反省の弁を述べていた。


本来なら党と国家に感謝し、社会の進歩に感謝すべきであった。商売がうまくいかず、所謂民主化、多党制、和平転換といった政権転覆の理論に接してしまった。

党と政府のイメージを傷つけ、海外メディアや敵対勢力に利用され、わが国の政府を攻撃した。国家政権転覆罪の深刻さを認識している。罪を認め、心から後悔します。


彼は本当に転向したのだろうか。それとも言わされているだけなのか。

眼鏡を外し、白いハンカチで涙を拭う翟の映像に、むずがゆさを覚えた。

監獄ルール

約一年前の六月十五日昼、北京市中心部。翟岩民は小腹を満たすために一杯四元の涼面（冷やしそば）を注文した。できあがるのを待っていると、突然、フルネームで名前を呼ばれた。返答する間もなく、数人にねじ伏せられた。「何をする」と言おうとして口を開いたが、黒い布を頭からかぶせられ間に合わなかった。刹那に数台のカメラが自分に向けられているのが見えた。

スポーツタイプ多目的車（ＳＵＶ）の後部座席の床にうつぶせに放り込まれ、三人が頭、背中、足を踏みつけた。息が苦しい。

なぜ捕まえるのか問うと「テロの疑いがある」と短く告げられた。翌日、山東省濰坊市の看守所に連行された。逮捕前に監禁する事実上の「居住監視」が始まった。

こんな「拷問」もあるのか――。日中、看守所の幹部や職員がひっきりなしに話しかけてきて、たわいもない雑談をする。夜になると特別捜査チームによる本格的な取り調べがある。それが終わり留置所に戻るとまた執務室に呼び出されて「雑談」が始まる。ほとんど眠ることができない。

こんな状態が三日間続き、眠気のあまり床から起き上がることができなくなった。病院に搬送され、ようやく日中の「雑談」から解放された。

二週間ほど監禁され、再び北京に戻された。郊外にある収容施設の鉄格子付きの部屋に「監獄ルール」と記されたA四紙が置いてあった。

「監獄ルール」

六時半　起床
六時半〜七時　洗面
七時〜七時半　朝食
七時半〜九時半　座板
九時半〜十時　休憩
十時　座板
十一時〜十一時半　昼食
十一時半〜十二時　運動
十二時〜十四時　昼寝
十四時〜十六時　座板
十六時〜十六時半　休憩
十六時半〜十七時半　座板
十七時半　夕食

「ルール」は翌日に変更された。午前中の休憩が取り消され、朝食から昼食までずっと「座板」を強いられた。

「座板」とは何か。要は床に座ることだ。座禅と少し似ているが、拷問の一種だ。

武装警察はベッドの床板に粘着テープで、ぎりぎりあぐらをかけるぐらいの囲いを引き、そこに座るよう命じた。

座るぐらいなんてことはない、と思ったが、長時間同じ姿勢で座り続けると足がしびれ、耐えがたい苦痛を感じる。少しでも囲いからはみ出ると、監視役の二人の武装警察に棒で突かれる。

拷問の間も水だけは十分に与えられた。プラスチックのコップに注がれる水を積極的に飲んだ。そうすればトイレに行く回数が増え、体を動かすことができる。

だがこの手はすぐに見抜かれた。指導役は武装警察に「今度から壺に放尿させろ。もし尿が一定の量に達していなければ、しばらくトイレに行かせるな」と指示した。

それでも水を大量に飲み、「一定の量」をクリアして午前に四、五回、午後に五、六回は用を足すことができた。指導役はしびれを切らし、ついに水の供給を減らした。

水がなければ排尿もできない。運動の機会は奪われた。それでも理不尽な取り調べには応じず、無言を貫いた。

七日目、韓と名乗る警官が「一週間も耐えたやつはいない。尊敬するよ」と明るく笑った。確かに足はしびれて苦痛だが、まだ耐えられる。

韓はおもむろに携帯電話を取り出し「翟岩民の息子を捕まえろ」と言った。めまいがした。立ち上がり「息子は関係ない」と叫んだ。韓は「関係あるかどうかはわれわれが決めることだ」と言い放った。関係あるかどうかはわれわれが決める——。終わった。膝から崩れ落ちた。

十五年前に前妻と離婚したとき、息子は十歳だった。以来、男手一つで、気の小さい彼と肩を寄せ合いながら暮らしてきた。

「息子を捕まえてどうするんだ」と聞くと、韓は手応えを得た顔つきになり、「翟さんよ、どうすべきかよく考えろ。一時間やる」と言って出て行った。

そもそも自分の活動に息子を巻き込んだことはない。彼は法律を犯したことなどない。たとえ捕まえても、何ができるというのか。さすがに何もしていない人間を有罪にすることはできまい。それなら捕まえてみろ——。

戻ってきた韓は「考えがまとまったか」と聞いた。まとまっていない。黙っていると、韓は「ほらほら見てみな、あそこにいるのは誰かな」と言って窓を開けた。

そこには息子が不安そうに立っていた。

「なんでもする。あなた方に協力する」。力なく言った。

自白

A四紙三枚にびっしりと〝台詞〟が記されていた。

それは翟の、身に覚えのない自白の供述だった。当局者はすべて暗記するよう命じた。五十四歳の翟は「絶対に無理だ。私は記憶力が弱い」と抵抗したが、とにかく覚えろ、の一点張りだった。

二人の武装警察ににらまれながら必死でA四紙と向き合った。「座板」の拷問は取り消され、椅子に腰かけることを許された。

捜査当局は、自白の姿をカメラに収めようと試みた。しかし翟はどうしても暗記できず、言葉に詰まったり目が泳いだりする。そのたびに当局者はいら立ち、「今度失敗したら息子をしょっ引くぞ」と脅した。彼らは非常に焦っていた。

それでも覚えられずにいると、発光ダイオード（LED）を使った字幕機材で〝供述〟を壁に表示した。「わざとらしくなるのでなるべく字幕を読まない」よう演技指導し、撮影した。

それらの映像は国営中央テレビの関連部門に送られ、随時放映された。

翟は、政府が反体制派を一斉に取り締まった「七〇九事件」で犯罪集団と名指しされた「北京鋒鋭弁護士事務所」の活動に関わっていた。当局は、翟を事件の核心人物の一人と位置付けていた。

あるとき、捜査責任者の韓は言った。「翟さん、あんたはよくよく協力しなければならない。犯罪グループの重要人物なんだから、先陣を切って自白しなければならない」

翟は、次第に当局の意図を理解した。彼らは、都合の良い〝犯罪事実〟を事件の核心人物の翟に語らせることで、大規模摘発を正当化し、その後の捜査や審理を進めやすくしようとしている。

韓は「これは指導者がわれわれに与えた任務だ。あんたはうまく演じればそれでいい。テレビドラマのように」と強調した。きちんと演じれば刑が軽くなるとも示唆した。

稽古

二〇一六年一月八日、当局は「国家政権転覆」容疑での逮捕を通告し、天津市の看守所に移送した。

半年間「居住監視」に置かれ、誰とも会話できない孤独な日々を送ってきた翟にとって、ほかの容疑者と同居する看守所は「天国」だった。看守所では本名を明かしたり、自身が関わる事案について語ったりすることは禁じられ、「翟天成」と改名させられた。

翟が捜査への全面協力を誓って以降、まともな取り調べはなかった。検察官も裁判所も「協力すれば寛大な処分がある」と繰り返し、「罪を悔いる犯罪者」の役回りを演じさせることに腐心していた。

初公判の日程が決まり、リハーサルが行われた。翟の冒頭陳述も検察官や弁護士との受け答えもすべて台詞が決まっていた。芝居の稽古に近かった。

八月二日、天津市の裁判所で翟は当局が用意した最終陳述書をそのまま読み上げた。

「私は世の中の人たちに警鐘を鳴らしたい。海外の敵対勢力をはっきりと見極め、また国内の下心のある人々の醜い顔を見極め、こうした連中が掲げる民主主義、人権、正義といったものに欺かれて犯罪の道に踏み出さないよう望んでいる」

検察側は翟氏について「国家政権転覆の思想を強め（共産党や政府に不満を持つ）陳情者を組織して国家の安全と社会の安定を脅かした」と指摘した。

午前の審理が終わると、当局者は「午後に判決の言い渡しがある。その後、裁判長、検察官、弁護士にお辞儀をして感謝の言葉を口にしなさい。そんなに深々と頭を下げる必要はないから。間違いなく刑は軽くなるよ」と言った。

翟は言われた通りに謝意を口にし、法廷のテレビカメラの前で涙も流した。裁判所は懲役三年の判決を言い渡した。協力の見返りとして「執行猶予四年」が付いた。即日結審だった。

非力

北京市西郊の石景山に、何らかの事情で職に就けない人や前科持ちの人たちが暮らすエリアがある。政府は生活保護の名目で〝訳あり〟の人たちを体よく集中管理し、中心部から遠ざけている。

翟岩民は現在、このエリアの一角にあるアパートで、再婚した妻、子犬と静かに暮らしている。今も警察の「国内安全保衛（国保）」部門の監視下にあり、北京で重要な政治イベントなどが開かれる際は自宅軟禁に置かれたりする。

拘束されていたころ、当局は取り調べと同時に、翟に対して愛国・愛党精神を植え付ける思想教育を行った。あるとき、捜査官は「わが国の統治は本当に素晴らしい。文化大革命の時代だったら、あんたはとっくに銃殺されていたぞ」と言った。

文革が始まったのは五歳のときだった。幼くて記憶ははっきりしない。銃殺は見たことがないが、痩せこけた近所の老人が「国民党のスパイ」と呼ばれて家族ごと連行されたのは目撃した。

二十八歳のとき、民主化要求運動に参加し、北京の天安門広場に向かった。六月四日の事件で、軍に撃たれた学生が、壁にこう書いて倒れたのをはっきりと覚えている。

「思想の異なる人間を排除する、こんな独裁体制は終わらせなければならない」。犠牲者への思いが、政治改革を求める原動力となった。

暴力装置を独占する政党を前に、人はなんて非力なのだろう。齢を重ねたが、この国の政治は変わらない。変わらないどころか、後退しているように映る。

ふと建国の指導者、毛沢東が死去した日を思い出す。悲しんでいるように見えて、泣くふりだけの人もいた。

あの日の涙と同じで、今見えているものが真実とは限らない。官僚や人民の忠誠心も本音とは限らない。

第Ⅳ章　政治の消滅

シンガポールで「#MeToo」と書かれた
紙を掲げる黄雪琴（本人提供）

一　女が家を買う日

乱高下する住宅価格の折れ線グラフが、人生を振り回す指揮棒に見えた。

楊梅＝仮名＝は、中国が総人口を抑えるため「一人っ子政策」を導入して数年後の一九八五年に四川省の中流家庭に生まれた。一人娘として大切に育てられ、二〇〇四年に大学進学のために首都北京に上京。四年後には北京夏季五輪が華々しく開催され、「奇跡」の高度成長に酔いしれる熱狂の中で大学を卒業した。

卒業の年の九月に米大手証券リーマン・ブラザーズが破綻。世界は大恐慌以来の不況に陥った。中国政府は十一月に総額四兆元の景気刺激策を発表し、低所得者向けの住宅建設などを通じた内需拡大策を打ち出した。

温家宝首相が中国政府を代表して打ち出した桁外れの金融刺激策は不況に苦しむ世界から歓迎され、米国も「救世主」ともてはやした。不動産市場は活況を呈し、市場に出回った金はバブルを引き起こす。

楊は卒業後、外資系企業の北京のスタッフに採用された。家賃は上がり続け、上京から約十年間で住宅価格は三倍前後に上昇。相対的に貯蓄の価値は目減りしていった。いくら働いても賃金が家に吸収される。

狂った市場が不安を煽り、落ち着かない。彼氏はいないし、結婚の予定もない。父親は実家に帰ってもっと良い暮らしをすればいい、と言う。でも都会に慣れ、郷里の人たちとは価値観が合わない。伝統的な考え方を持つ両親とも会話がぎくしゃくする。

三十三歳になり、北京で六十平米の家を三百万元で買った。親から譲り受けた四川省成都の家を売却し、頭金二百万元を支払った。父親は女性が婚前に家を買うことに反対したが、「私が歳を取ったら誰が面倒見てくれるの」と反論した。周りの独身女性は次々と家を買っている。男に期待する結婚観は特にない。この社会では物質が唯一の価値観だと思う。母親は理解してくれた。

貯金は底を突いたが、持ち家を得たことでようやく不動産価格の折れ線グラフを振り払うことができた。精神的な「安全感（安心感）」が増し、生活に選択の余地が広がった。家は安定した生活へのチケットなのだ。達成感こそないけれど、絶対的なセーフティネットを得た気分だった。

安全感

荒れ狂う海を浮輪で漂う人たちと、大型船に乗って何とか安定を確保する人たちがいる。中国で家を購入することは、その乗船券を買うようなもの――。二〇一九年春の昼下がり、北京市中心部のカフェで楊梅は言葉を選びながら語り、「中国経済が崩壊したらこの船も沈むけどね」と笑った。

北京、上海、広州、深圳などの都市部を中心に住宅を購入する独身女性は明らかに増加傾向にあった。中国では結婚の際に男性側が住宅の購入や所有を担うケースが多かったが、中国人民大の研究者は「未婚女性の住宅購入率の急上昇は、近年、女性の経済面での能力や独立意識が高まったことを示している」と指摘する。

中国は少子化問題対策などとして、二〇一六年に一人っ子政策を廃止し第二子まで出産を認めた。二〇一七年に生まれた赤ちゃんは千七百二十三万人で政府の予想より三百万人も下回った。

住宅価格の高騰や教育費の負担増により、若者らの間で結婚や出産意欲が高まらない。政府は二〇二一年に三人目の出産を認めるとの改正人口・計画出産法を施行したが、期待されていたベビーブームは起こらなかった。

楊梅は何度も「中国には安全感がない」と口にした。出産適齢期の女性たちは将来への「安全感」を結婚よりも住宅に求め、家を買うことが自立した人生を追求する手段にもなっているようだった。

何かに駆り立てられるように家を買う女性たち。私は当初、それを経済問題と捉えていた。

だが取材を進めるうちに、それだけでは説明しきれない、もっと根深い〝何か〟が起きている気がした。

発展こそ正義

一九八九年四～六月、中国の民主化を訴えて北京の天安門広場に集まった若者の中に、カメラを抱えた三十五歳の徐勇がいた。六月四日未明に軍がデモ参加者に向けて水平射撃し、鎮圧されるまでを密かに記録した。

天安門事件が起きて数カ月間、北京は人影が少なく、喪に服したように静まり返った。徐はそんな中、北京を縦横に走る古い路地「胡同《フートン》」の撮影を始めた。写真はモノクロで、冬の曇りの日に撮ったものが多い。沈痛な心持ちが作品に陰影をつくった。

事件とそれに続くソ連崩壊で、社会主義のイデオロギーは国内でも世界でも求心力を失っていた。中国共産党はイデオロギー政党としての存在意義が薄れていることに危機感を抱いた。最高実力者だった鄧小平は、国内の人々をつなぎ留め、各国を引き付ける魔法のような価値観を見つけた。それは「発展」だ。

「発展こそ揺るぎない道理だ」。鄧は一九九二年、発展を国の最優先課題に据え、超高度成長の実現を訴えた。社会主義とか資本主義とか、そういった論争に終止符を打ち、発展に向け党内の思想統一を図った。経済建設こそが党のイデオロギーとなった。

「発展」は都市開発とほぼ同義だった。全国各地で都市化が進められた。政府は土地から配当を得ることで経済総量を増やす方向に突き進んだ。

カメラを構えていた徐勇は、発展の名の下に街が破壊されていくのを目の当たりにした。北京市民の生活と深く結び付いていた胡同の大半が跡形もなくなり、商業施設や道路に姿を変えた。失われる風景を前になすすべもなく、ただシャッターを切るしかなかった。

発展こそ正義――。その風潮は住宅信仰につながった。何を信じてよいか分からず息を潜めていた人々は不動産投資に生きがいを求め、物質という目に見える形で精神的な満足感を得るようになった。

女性は男性が家を所有しているかどうかが結婚の必須条件と考えるようになった。結果的に若い男性の結婚意欲はしぼみ、女性は自ら住宅を得ることで精神的にも経済的にも独立する生き方を選択している。

経済成長が鈍化する中、共産党は社会主義のイデオロギーを強調する従来の路線に回帰しようとしている。習近平党総書記は二〇一七年十月の第十九回党大会で、「社会主義の核心的価値観を養い、実践しなければならない」と述べ、思想統制を強める考えを示した。

「社会主義の核心的価値観」とは欧米の「普遍的価値観」に対抗するために習指導部が打ち出した理念だ。「富強、民主、文明、和諧（調和）、自由、平等、公正、法治、愛国、敬業（仕事・学業に励む）、誠信（信頼）、友善（善隣）」の含意があるとしている。

価値観の幕の内弁当のような概念だが、いくら美辞麗句を並べても「住宅」ほど人々を安心させる効果は生まれていない。

イエの呪縛

鄧小平が南方を視察して「発展」へと邁進するよう訴えた一九九二年、霍小芳＝仮名＝は南部の広西チワン族自治区柳州市に生まれた。公務員の家庭の一人娘だった。進学のために移住した北京に、卒業後も住み続けている。

卒業した時点で住宅価格は既に天文学的な額に上昇していた。同世代の若者が自力で家を購入するのはもはや不可能と思われた。霍はそれでも家を買いたかった。戸籍と職場がある北京で。

中国で若者が全額自己負担で家を購入するケースはまれだ。大抵は親や親族の全面的な支援を受ける。そのため、親は子のために家を確保するのが重要な任務となっており、持ち家を売却したり貯蓄を切り崩したりして何とか費用を工面する。

子は親に経済的に依存する代わりに、親や義理の親が結婚や出産、仕事などに細かく干渉する「親の呪縛」から逃れられない。ただこうした構図も一人っ子世代だから成り立ったことであり、二人、三人の子がいれば、全員分の住宅を親が負担するのは無理があるだろう。

霍小芳は頭金を親に支援してもらい、そのほかは自分で負担しようと考えた。職場への交通の便が良く、四十~五十平米の新築、南向きの家を探したが、予算の三百~四百五十万元では理想の家に手が届かない。

仕方なく郊外に対象を広げ、中古物件も選択肢に入れた。手数料を支払った仲介業者が音信不通になり心が折れる。家探しを諦めて彼氏を探そうかと迷ったが、やっぱり家がほしい。いつか結婚したとしても、夫の両親と暮らし、生活に干渉されるのは想像するだけで耐えがたい。いつでも帰れる自分の空間を持ちたい。金銭と引き換えに「イエ」の呪縛から解放されたい……。

家父長制

習近平が「社会主義の核心的価値観」による思想統制を宣言した二〇一七年十月、広東省出身の黄雪琴(一九八八年生まれ)はシンガポールの街角で「#MeToo」(「私も」の意味)と記した紙をひっそりと掲げた。欧米で広がる性的被害を告発する運動が、中国こそ必要だとの思いを込めた。

国内メディアの記者だった彼女がセクハラ問題に関心を持ったのは、その年の六月に広東省の地元紙、南方日報の実習生が男性記者から性的被害を受けたのがきっかけだ。記者仲間らのグループチャットで「女性が軽率だった」「衣服の露出が激しかった」「なぜ警察に通報しなかった」「自業自得」などと被害に遭った女性を責めるような意見があり、許せなかった。

性格の弱さや勇気の欠如、行動の軽率さや衣服の露出度、いずれもセクハラや性暴力の理由にはならない。

怒りにまかせてセクハラ行為をした記者や女性を貶める人たちを非難する文章を発表した。フェイスブックに「#ＭｅＴｏｏ」と掲げる写真を投稿し、セクハラ被害に関する情報を集め対処法を発信する新メディアも立ち上げた。

「男性主導の社会で、セクハラ反対を訴えるのは容易ではありません。被害者が声を上げれば責められます。中国人が抱く女性の伝統的な役割の認識を崩すからです。中国という文化環境の中で、女性は附属であり、欲しいままに定義される存在であり続けました。男性によるセクハラ行為はある意味、女性とのこうした伝統的な関係性を強化するものです。女性が立ち上がって『気持ち悪い』と言えば、こうした男女の役割を打ち破ることであり、男性の権威への挑戦となるのです」

黄雪琴は取材に対し、熱っぽく語った。性的少数者（ＬＧＢＴＱ）の権利向上を目指す世界的なムーブメントが、中国人女性の心にかすかな火をともしている。

中国に根付く男性中心の伝統的な家父長制からの脱却という点では、女性たちの「#ＭｅＴｏｏ」運動と住宅購入は通底するものがあるのかもしれない。女たちの静かな反乱——。私がそんな着眼点に気付いたのは、独身女性の住宅購入に関する記事を発表した後だった。

ＬＧＢＴＱ。それは、家父長制に苦しむ人々の心をざわつかせる。同時に、西側諸国の価値観が独裁体制を脅かすとの被害妄想に陥る中国の指導者たちをいら立たせる。
黄雪琴は香港で二〇一九年に起きた抗議デモに参加するなどし、当局の監視対象になった。二〇二一年九月十九日に広東省広州の警察に拘束され、その後国家政権転覆煽動容疑で逮捕された。
独裁体制の根っこに中国の伝統的な家父長制がある。それは鄧小平も認めていた。

わが党の政治生活、国家の政治生活はやや異常だ。家父長制あるいは家父長の風潮が助長され、個人を褒めそやすことが多くなり、政治生活全体が不健全になり、最終的に文化大革命を引き起こしてしまった（鄧小平、一九八〇年八月、イタリアのジャーナリスト、オリアナ・ファラーチとのインタビューで）。

繰り返しになるが、改革・開放前夜、中国共産党は気まぐれにも家父長制を克服しようとしていた。次の毛沢東を生まないために、国家主席の職に任期制限を設けるなどの仕掛けをつくった。

二 「神」を告発した日

全体主義の政府が発見したことの一つに、巨大な穴を掘って、そこに歓迎できない事実と出来事を放り込んで埋めてしまうという方法があります（ハンナ・アーレント）。

知識人の責務

中国の超一流大学、清華大の名物教授、許章潤（このとき五十五歳）は激怒していた。二〇一八年三月に憲法が改正され、国家主席の二期十年の任期制限が撤廃されたためだ。

最も世間が怒り、恐れているのは、憲法を改正して政治的な任期が撤廃されたことだ。改革・開放以来の三十年間をすっかりなかったことにして、平手打ちを食らわせて中国を恐怖の毛沢東時代に引き戻したようなものだ。近頃、盛り上がっているばかげた領袖の言説や個人崇拝は、全面的なパニックを引き起こすだろう。

許章潤は一九六二年に内陸部の安徽省に生まれた。習近平の母校でもある清華大の法学院教授で、「全国十大傑出青年法学者」に選ばれたこともある。

二〇一八年七月、シンクタンク「天則経済研究所」のウェブサイトに、日に日に色濃くなる個人崇拝の傾向に深い憂慮を示す一万字余りの檄文「私たちの目下の恐れと期待」を投稿した。名指しは避けつつも、最高指導者である習近平を批判しているのは明白だった。

それは言論統制が強まる中国で、極めて危険な行為だった。許章潤の単独行動ではあったが、いきおい、当時の改革派知識人や一部の中国共産党員の間で共有されていた尋常ならざる危機感の噴出という意味合いを帯びた。行間からは、当代知識人の責務を一手に引き受ける覚悟がにじんでいた。

逆行

習近平のキャラクターを人に説明するのは難しい。公の場で喜怒哀楽を、おそらく意図的に示さないためだ。胸の内を悟られるのを恐れているかのように、共鳴する感情的な手掛かりを人々に与えない。

その彼が珍しく感情をのぞかせたことがあった。二〇一八年三月十七日午前、北京の人民大会堂で開かれた全国人民代表大会でのことだ。習の権力闘争を支え、「習一強」体制固めの最大の功労者となった王岐山が副主席に選出されると、満面の笑みを浮かべた。

その六日前に開かれた全人代は、国家主席と副主席の任期規定を撤廃し、習の思想を国の指導思想として明記した憲法改正案を採択した。習の主席任期は二〇二三年までだったが、任期撤廃により長期支配への道が開かれていた。

毛沢東時代以降の歴代指導部は、大規模政治運動「文化大革命」再来を防ぐための仕組みを時間をかけてつくりあげた。

中国憲法の国家主席の任期規定は一九八二年に制定されたもので、毛への個人崇拝が文革の大混乱を招いた反省から、幹部への権力集中やポスト居座りを防ぐために引退を制度化する狙いがあった。

そのほかにも、毛に使われた「領袖」の呼称をやめ、重要事項を最高指導部メンバーの協議で決める集団指導体制の定着化を進めた。その過程で習の前任指導者の胡錦濤は、歴代最高指導者に用いられた「核心」の呼称も取りやめた。

しかし習近平は二〇一六年十月の中国共産党の重要会議、第十八期中央委員会第六回総会（六中総会）で自身を核心に位置付けることに成功。「人民の領袖」の呼称も復活させた。

二期目の指導部が発足した二〇一七年十月の第十九回党大会では、「強国」の建設を宣言。今世紀半ばまでに「（世界）トップレベルの総合力と国際的影響力」を持つ「社会主義現代化強国」を完成させるとして国家主席の任期を超える長期目標に言及した。

また党大会では、習の名前を冠した新理念「習近平の新時代の中国の特色ある社会主義思想」を、指導思想として党規約の行動指針に盛り込んだ。習は、同様に名前が入っている毛沢東や鄧小平に迫る権威を獲得した。

人々はこの頃から、習が最高指導者の椅子に座り続ける未来を予感した。文革防止の仕掛けを一つひとつ覆すような動きについて、北京のある知識人は「苦労して檻に閉じ込めた毛沢東を再び野に放ち、自ら猛獣の衣を羽織るよう」と形容した。

国家主席の任期を廃し、終身支配も可能となる憲法改正は、国際社会から習の「一強体制」確立を象徴する動きと解釈された。それは権力に執着する習の野心を内外に明かす危険な賭けだった。

多くの党関係者が憲法改正によって党内の空気は一変したと証言する。習への批判はもちろん、称賛しても「皮肉ではないか」と深読みされる。習に関するほとんどの言説はタブーになった。

許章潤は怒りに任せて筆を滑らせる。

　政治元帥を再び突出させ、経済建設を柱とする基本的な国策を放棄した（中略）公権力によるイデオロギー的な迫害が知識人の間にパニックを引き起こしている。このような状況で、自己検閲が横行し、出版業界は打撃を受け、世論への統制は日増しに強まっている。子どもたちに親の過ちを告発するよう促す政治宣伝まで現れ、基本的な倫理や伝統に反するばかりか、まるで全体主義政治の様相だ。野蛮な「文革」時代を想起せざるを得ず、全く驚くばかりだ（「私たちの目下の恐れと期待」）。

反腐敗

「習近平はトップの器じゃない」

関係筋によると、二〇一〇年秋ごろ、薄熙来・元重慶市党委員会書記＝収賄罪などで無期懲役確定＝は胡錦濤前指導部で党政治局常務委員として公安部門トップを務めた周永康＝収賄罪などで無期懲役＝と会談した際、最高指導者になることが確実視されていた習を酷評した。周も薄に同調した。

会話は録音されており、薄の元側近だった王立軍・元同市副市長＝懲役十五年が確定＝が米国へ亡命を図った際、米側にデータを提出。やがて習の手に渡った。習は激怒すると同時に、周と薄が共謀して習の人事を覆そうとしているとの強い危機感を抱いたとされる。

習はトップ就任から間もなく、「トラもハエもすべてたたく」として反腐敗闘争を開始。外堀を埋めるように周の元側近らを重大な規律違反を理由に次々と失脚に追い込み、二〇一四年七月に重大な規律違反があったとして周を摘発した。

大衆は反腐敗闘争を歓迎したが、その出発点に政治色の極めて濃い動機があったのは間違いない。

習は腐敗撲滅を統治の最大の成果の一つとアピールし、長期支配の正当化を図る。反腐敗の名を借りた政敵排除の権力闘争の側面は日増しに強まり、苛烈な取り締まりで官僚の自殺も相次いだ。政治運動の常態化は徐々に社会全体を閉塞感で覆うようになる。

反腐敗闘争の継続に伴い、(反腐敗の独立機関)「国家監察委員会」が新設され、その権力は無制限に広がった。あらゆる公務員や教職員が巻き込まれるようになり、法的な安心感を高めるどころか、ソ連の旧国家保安委員会(KGB)式の残酷な党内闘争を予感させ、かつての階級闘争の時代に引き戻されるというパニックを起こしている。「闘え、闘え、闘え」と追い立てる恐怖の政治モデルに対する国民的記憶や、それが再び中国の大地に蘇るという疑念が、政治的な疎外感を高めており、平和で穏やかな雰囲気は薄れる一方だ(「私たちの目下の恐れと期待」)。

長期支配の理由

習近平はなぜ長期政権を目指すのか。公に説明したことはない。

その動機を探るヒントが、中国共産党の非公開の内部発行資料にあった。

資料によると、党は二〇一八年一月に党中央委員や閣僚を集めた会議を開いた。習はその場で演説し、〝毛沢東の夢〟に言及していた。

習は「共産党が何をなすべきか」と問題提起し、一九五六年八月の毛の言葉を引用した。「世界最強の資本主義国家、すなわち、米国に追い付く」「もしそうでなかったら、われわれ中華民族は全世界の各民族に申し訳が立たないし、人類への貢献も小さいものになる」

習は偉大な社会主義国家を築けば「他国に見下される不運な状況を変え」られると力説した。この発言は、党が国家主席の任期制限撤廃の方針を決める直前のものだ。最強の資本主義国である米国に追い付いて「強国」を築くためには長期安定政権が必要だと主張し、終身国家主席を可能にする重大決定の支持取り付けを図る狙いがあったとみられる。

習は本気で国際秩序の主導権を握ろうとしている。中国が十四億人を抱える大国にふさわしい地位を得られていないとの不満が背景にある。

最高実力者だった鄧小平は経済成長に必要な国際環境を維持するため、能力を隠して国力を蓄える外交戦略「韜光養晦《とうこうようかい》」路線を取り、対米関係の安定を最重要課題に据えてきた。

一方、習は対米戦略を転換し、米国主導の秩序を突き崩す意図を隠さなくなった。国連の「持続可能な開発目標（ＳＤＧｓ）」を後押しするとして「グローバル発展イニシアチブ」を提唱。ロシアや北朝鮮など反米国家との連携を深め、中国、ロシア、インドなど新興国でつくる「ＢＲＩＣＳ」の枠組みを軸に影響力を高め、グローバルサウスと呼ばれる新興・途上国の取り込みを進めている。

国家主席任期撤廃は、米政権が中国の民主化に見切りを付け、台頭する中国を「挑戦者」と位置付けるきっかけにもなった。

野心的な中国に日米欧は警戒を深めるが、習は西側先進国との関係悪化は国際社会での主導権を握るまでの一時的な痛みだと判断しているフシがある。

中国共産党の性質は毛沢東時代から変わっていない。習は路線を転換したというよりも、むしろ鄧小平時代に進んだ〝脱毛沢東化〟の流れを食い止め、元に戻そうとしている。毛時代と大きく異なるのは、党の支配下にある中国がその野心を実行に移すための能力を、飛躍的に高めた点にある。

再び門戸を閉じて鎖国し、米国に代表される西側世界と仲違いし、北朝鮮のような悪政とじゃれ合っている（中略）改革・開放により西側世界との関係を改善し、進歩主義を指向し、世界とドッキングするとの目標を掲げてグローバル化した市場経済の波に乗ることができた。対外開放によって迫られた改革なくして、今日の中国経済や社会、文化はない。北朝鮮やベネズエラのような失敗国家、全体主義国家となれ合うことは、民意に背き、歴史の流れに逆らい、全く愚かなことだ（「私たちの目下の恐れと期待」）。

中国共産党が神のように崇めるロシア革命の指導者レーニンは、秘密警察「反革命・サボタージュ取り締まり全ロシア非常委員会」（通称チェーカー）を利用し、政権を脅かす「反革命」を取り締まった。この警察機構は数々の悲劇を生むことになるが、中国共産党はこれよりも効率的に、かつダイナミックに「人民の敵」を捕捉するシステムを構築しつつある。

中国でインターネット検閲制度を創設し、「検閲の父」と呼ばれる方浜興は二〇一一年、ネット検閲と、検閲を逃れようとする人々の「戦いは永遠に続くだろう」と指摘した。習近平指導部はネット空間に照準を定め、独裁体制を揺るがしかねないと認定した言論を取り締まるため監視範囲を歯止めなく広げた。

中国でネット利用者は十億人を超える。短文投稿サイト「微博《ウェイボ》」や通信アプリ「微信《ウェイシン》」など独自の交流サイト（SNS）が次々と登場し、かつては厳しい言論統制下にある中国で、一人ひとりが発言権を持つ時代が到来するとの期待も一時的に膨らんだ。

中国政府は自由な言論空間を放置すれば、共産党の独裁体制を否定する「西側の価値観」が氾濫するとの危機感を抱き、当局に批判的な利用者を摘発するなど徹底的に取り締まる方向にかじを切った。

二〇一七年にプロバイダーに対しネット利用者の実名登録や公安当局への協力を義務付ける「インターネット安全法」が施行されたほか、SNSの限定された仲間内でつくる「グループ」のやりとりを監視し、警察を侮辱するなどの投稿をした場合に法的責任を問う制度が導入された。

微信を運営するIT大手、騰訊（テンセント）の関係者は「公安当局の指示があれば誰のチャット記録でも提出しなければならない」と話す。指導者を皮肉る投稿などを通報するシステムも導入されているという。

「私は自分が中国で綿々と続いてきた『文字獄』（言論弾圧）の最後の被害者となることを期待する」。かつてこう訴えたノーベル平和賞受賞者の民主活動家、劉暁波は二〇一七年七月に当局の拘束下で〝獄中死〟した。劉を追悼する写真などをSNSに投稿した中国の活動家らは拘束された。

共産党は自由な発信の場となる可能性があったネット空間を裏切り者をあぶり出し、摘発する手段へと変えた。人工知能（AI）やビッグデータといった最新技術を駆使して約十四億人の国民の言動を監視、コントロールし、共産党の一党支配を半永久的に持続させる構想だ。「デジタル独裁」の権力乱用に懸念が強まる。

「あなたの行動はすべて把握していた」。私が二〇一八年に新疆ウイグル自治区西部のカシュガル地区を訪問すると、公安当局が取り囲み行動を阻止した。流ちょうな英語を話すウイグル族の警察官は、監視カメラ映像や携帯電話の通信記録を基に追跡したと誇らしげに話した。

中国政府はウイグル族など少数民族が多く住む同自治区で「AI統治」を全国に先駆けて導入した。二〇一七年には、区都ウルムチ市にビッグデータを活用した治安維持を推進する「国家工程実験室」を設立。公安省、学術機関などが連携して「ビッグデータによる立体的な治安と防犯システムを構築する」（実験室主任）ための拠点だ。

同自治区では至る所に監視カメラや顔認証の機器が置かれ、当局はＳＮＳのやりとりも監視。地元の男性は「当局の悪口を書き込んだら数分以内に警察が来る」と話した。習指導部は新型コロナウイルス流行をきっかけにこうした統治を全国に広げた。

政府は企業とも連携を深めている。テンセント、電子商取引（ＥＣ）最大手のアリババグループ、音声認識技術大手の科大訊飛など、党に忠実な企業を支援。企業側は膨大な量の個人情報を当局の求めに応じて提出しているとみられている。

微信や電子決済の利用者は、知らないうちに通話や購入の記録、資産運用などの情報が国に吸い取られる可能性を常に抱えている。国際人権団体ヒューマン・ライツ・ウオッチは、中国政府が国民の生体認証のデータベースを構築するため企業を通じて個人の音声認証データを集めているとして「歯止めなき監視」に懸念を示す。

強大な監視網を構築した結果、新疆ウイグル自治区では拘束者が急増。当局による個人情報の収集、保存、利用を監視する法律やメディアは事実上存在しない。

所謂、知識人の改造政策が再び実施されるのではないかとの懸念がある。政治の左傾化に伴い、思想改造運動が引き起こされるか、それ以上に深刻な事態もありうる。「でたらめな議論をしたから取り締まる」などという脅迫が横行すれば、ただ貝のように口を閉ざすしかない。言論の自由など望むべくもない。思想の自由や独立した精神がなければ、未知を探求し、学術に専念し、思想を発展させることなどできるだろうか。本来、この四十年間の奮闘をさらにもう一、二世代にわたり続けていけば、中華文明は思想的、学術的な全盛期を迎えることができたはずだ。しかし、このような言論統制政策を続け加速させていくなら、中華の国家民族は精神的な小人、文明的な小国とならざるを得ない（「私たちの目下の恐れと期待」）。

総設計士

ジャーナリスト、高瑜が、こんな興味深いエピソードを私に披露してくれた。

一九八七年六月二十九日、党中央顧問委員会副主任だった薄一波＝元副首相、薄熙来の父＝は総書記代行の趙紫陽の政治秘書、鮑彤・党中央委員の元を訪れ、改革・開放時代における鄧小平の地位に関するスピーチの草案をつくるよう依頼した。

薄は、「共産党宣言」をマルクスと共に執筆したエンゲルスの言葉を引用しながら、鄧小平を「巨人（偉大な人物）」と表現するよう注文した。

鮑は、鄧小平を「時代が生んだ巨人」とするスピーチ原稿を執筆したが、ある問題に気付いた。鄧は身長一五〇センチ程度と小柄だった。その鄧を「巨人」と宣伝してしまうと、大衆の笑いを誘い、鄧が自身への皮肉だと受け止める恐れがある。

このことを告げると、薄は同意した上で「ならどうすればいい」と聞いた。鮑が「改革・開放の総設計士」としてはどうかと提案すると、薄一波は「それだ、それがいい」と膝を打って大喜びし、採用した。

かくして「改革・開放の総設計士」は鄧小平の代名詞となり、このキャッチコピーは今も党の公式文書にも刻まれている。

習近平は改革・開放路線を継続する姿勢を強調している。しかしその路線の「総設計士」はあくまでも鄧小平であり、毛沢東と並ぶカリスマ指導者を夢見る習の心象風景では、鄧の存在は乗り越えなければならない壁として立ちはだかっていたとみられる。

鄧路線の修正と習の地位向上は表裏一体となった。二〇二〇年十月に改革・開放の象徴の場所である深圳経済特区の成立四十年を祝う記念式典で演説した習は、広東省幹部だった父親の習仲勲が鄧に経済特区のアイデアを紹介したエピソードを冒頭で紹介、その存在を際立たせた。

二〇二一年二月、習指導部は一九七〇年代末に鄧との権力闘争に敗れた華国鋒元党主席の生誕百年記念座談会を開催。華を六〇~七〇年代に政治を混乱させた政治闘争「文化大革命」を終結させた「優秀な党員」とたたえた。

華は建国の指導者毛沢東が指名した後継者だが、短期間で失脚し、党中央は距離を置いていた。それだけに、座談会は「華を再評価し、鄧の地位を下げる狙い」とも目された。

「改革・開放」はここで幕を下ろし、全体主義に回帰するかも分からない。これこそが極めて深刻な全国民の憂慮だ。全体主義への回帰と言えば、胡錦濤・温家宝体制の時期に、全体主義から権威主義に移り変わる流れがあり、そのため「ポスト全体主義時代の全能型権威主義政治体制」と称された。しかしこの二年間の逆行ぶりから、「全体主義政治への全面的な回帰」といったパニックが引き起こされている（「私たちの目下の恐れと期待」）。

神

二〇一七年の第十九回党大会で党規約に「習近平思想」が盛り込まれたことを受け、党は習が党大会で読み上げた活動報告や思想を党学校や政府系の教育機関の必修科目にすることを決めた。「党大会の精神を教材、教室、（学生の）頭脳にたたき込む」と訴え、習の思想を学ぶための教科書が次々と出版された。

北京の名門大の一九七〇年代生まれの文学者、孫慷（仮名）が純文学に関する論文を提出しようとすると、大学幹部から「意味のある研究をしなさい」と言われた。「意味のある研究」とはすなわち、党——特に習近平体制下の党——から評価される研究を指していた。

孫はいつの間にか「党大会精神の学習班」といったＳＮＳのグループチャットに加えられていた。大学職員や研究者たちは日々、習の演説に対する感想文を投稿しなければならなくなった。やりかけの純文学の研究に割く時間も環境もほぼなくなった。

北京の中国人民大は「習思想」の研究センターを開設した。上海や吉林省など全国各地の大学や教育機関も、習への忠誠心を競うように研究センターを設置。一部地域では幼稚園でも習演説の学習会が開かれた。

全国統一の大学入学試験で、習の演説やスローガンを題材にした問題が多く出題されるようになった。習への忠誠心を試すスマートフォンアプリ「学習強国」が開発され、政府機関や大学職員、メディア関係者から銀行員まで利用を求められている。点数が低いと上司らに通報されるケースもあり、短時間で得点を稼ぐ攻略法も出回っている。


改革・開放から四十年を経て、まさか中国大陸で領袖への個人崇拝が再燃するとは。共産党メディアの神を創造する作業は極限に達し、前近代の全体主義国家を見ているようだ。領袖の銅像を中国に再登板させ、神のように高々と掲げても奇妙になるだけだ。指導者の演説など本来なら秘書が手書きするようなものなのに、あろうことか刊行物として出版し、ハードカバーで製本して世界中に無料で送りつけてるんだから笑ってしまう（「私たちの目下の恐れと期待」）。

本を焼く

デンマークの作家アンデルセンの童話「裸の王様」は、重要な事実を隠している。「王様は裸だ」と叫んだ子どもやその周りの人たちがその後、どうなったのかを明らかにしていない。「それが知りたければ今の中国を見ればいい」。中国の改革派知識人は、私的な会合でそんなジョークを飛ばして自分たちを慰めた。

北京大には学生は立ち入ることができず、教師だけが利用できる〝裏図書館〟がある。中国政府が「分裂主義者」と敵視するチベット仏教最高指導者ダライ・ラマ十四世の伝記や共産党を批判する本など、禁書も所蔵しており、学者たちは研究に役立ててきた。

しかし習の長期支配が現実味を帯びた二〇一八年ごろから、毛沢東の誤りや文革を批判的に扱った書籍がひっそりと撤去されるようになった。そのほかにも、少数民族や国境紛争、台湾、歴史、反右派闘争など議論を引き起こしそうな内容を扱う本は徐々に姿を消した。

研究者たちは秦朝の焚書坑儒を連想せざるを得なかった。「本を焼く者は、やがて人間をも焼く」。ある教授は、ドイツのロマン派詩人ハインリヒ・ハイネの言葉をつぶやいた。

年の初めに政治任期を廃した憲法改正は、世界の世論を驚かせ、国民を震え上がらせ、「四十年の改革が雲散霧消する」との憂慮を抱かせた。何の根拠もなく「スーパー元首」を創造したに等しく、恐ろしいばかりだ。今年か来年の適切なタイミングで、秋の全人代特別会議や来年三月の全人代などの場で再度憲法改正を行い、国家主席任期を復活させ、改革・開放を守り、文革や全体主義政治への回帰を防がなければならない（「私たちの目下の恐れと期待」）。

矜持

許章潤の檄文は、民主化を求める学生らを当局が武力弾圧した一九八九年の天安門事件への評価を見直すことも求めた。最後に「生死を運命に任せ、興亡は天に委ねる」と記して筆を擱いた。

二〇二〇年七月六日午前、北京郊外にある許章潤の自宅に公安当局が押しかけ、許を連行した。家族は四川省の公安当局から、同省成都で買春をした疑いがあるとの説明を受けた。関係者によると、許が成都のホテルに宿泊中、部屋の電話が鳴り、「（性的な）サービスはいるか」と聞かれた。断って電話を切ったが、当局はその五十九秒の通話を録音し、「買春」の根拠とした。

国家主席任期撤廃を痛烈に批判する文書を発表した翌年の二〇一九年三月、清華大は許を停職処分とした。同年十二月には教授職を取り消した。

許はそれでも筆を曲げず、二〇二〇年二月には新型コロナウイルスの拡大を許した無能ぶりに「人民が激怒」しているとする檄文を公表。言論統制の殻を突き破り、自由を得るための闘いを続けた。

当局は反抗的な知識人に対する報復として、買春の汚名を着せるという屈辱を与えた。清華大はこれを理由に許を免職にして追い払った。一連の措置は許を社会的に抹殺するために仕組まれたものとみられている。

中国の指導者は、独立したジャーナリズムの監視を受けることもなく、国民は権力を縛る手段をほとんど持たない。国家主席の任期は権力の暴走を防ぐ唯一無二の時間的な制約となっていた。

任期撤廃を懸念しているのは改革派知識人だけではない。共産党・政府内部にも異論がくすぶっている。ある地方政府の公務員（党員）は、私的な会合で「悪いことの始まりだ」と声を潜めた。

習の長期支配には、異論の声もくすぶっている。だからこそ、国家主席任期撤廃に関する話題は、中国社会で天安門事件などと比べものにならないほどセンシティブなタブーになっている。

許は二〇二〇年に公表した文章で「（私は）新たな罰を受けることになるだろう。最後の執筆になるかもしれない」とした上でこう訴えた。

自由とは、ある種の神秘的な社会現象であり、天賦のものだ。中華の大地にいる人々も例外ではない。自由の理念が華々しく花開こうとしている。同胞たちよ、目の前に火の湖があろうとも、どうして恐れることがあろうか！

三　毛沢東になり損ねた日

華北平原の北限に位置する北京は左右対称の水平型の都市だ。経済成長に伴って高層建築が乱立し、中心から俯瞰すると不格好な稜線がぼんやりと浮かび上がる。

中心部では故宮（旧紫禁城）を軸に景山、鐘楼、鼓楼、妙応寺、北海白塔、天壇などが整然と並び、古都の秩序をかろうじて守っている。

故宮の城門である天安門に初めて肖像画を掲げたのは、毛沢東ではない。

一九一一年の辛亥革命により成立した中華民国の権力者、袁世凱だった。辛亥革命を主導した孫文は、中華民国の臨時大総統の地位を軍閥の袁世凱に譲った。権力を握った袁は中央集権化を進めて独裁色を強め、やがて孫文と対立。一九一六年に病没した。

一九二八年に蔣介石率いる国民革命軍が北京に無血入城して占領。天安門に孫文の肖像を掲げた。孫文はその三年前に「革命未《いま》だ成らず」と言い残して北京で病死していた。北京は「北平」に改称された。

天安門に掲げられた毛沢東の肖像画（筆者撮影）

一九三七年の盧溝橋事件を経て旧日本軍が北平を占領すると、天安門には「東亜の新秩序建設」など大日本帝国のスローガンが掲げられるようになった。

一九四五年に太平洋戦争で日本が降伏し、蔣介石の威信が高まり、天安門に蔣の巨大な肖像画が掲げられた。だが国民党政府は中国共産党との内戦（国共内戦）に敗れ、蔣は台湾に逃れ、台北への遷都を発表。総統府と行政院（内閣）も移転した。以来、現在にいたるまで中台の分断が続いている。

華北平原での戦いを制した共産党人民解放軍は一九四九年一月に北平（北京）に無血入城した。その翌月、「北平解放」を祝う大会で、天安門に革命を率いた毛沢東の肖像画が初めて掲げられた。同年十月、毛は天安門の壇上で中華人民共和国成立を宣言。それに伴い、北京の名称が復活した。

中国の覇者が交代するたびに天安門の顔も目まぐるしく変わった。天安門に肖像画を掲げることは、近代中国の支配者にとって最大級の名誉といえるかもしれない。

毛の肖像画は当初、毎日掲げられたわけではなく、国慶節（建国記念日）などの節目にお披露目された。文化大革命が始まった一九六六年、党は毛の肖像画を四六時中掲げ、毎年国慶節の前に新たなものと交換することを決めた。毛への個人崇拝が最高潮に達していたことが決定の背景にあった。文革が終わって以降もこの方針は維持され、現時点でも毛の肖像画は市民を見下ろしている。

毛の肖像画は共産党支配の象徴でもある。二〇〇七年に手製の発火物が投げつけられ、一三年には天安門前でウイグル族によるとみられる車両突入事件が起きたこともあった。肖像画は崇拝のシンボルであると同時に、憎しみの対象ともなる。〝威光〟の言葉では表現しきれない複雑なオーラを放ち、首都の中心部に特異な磁場をつくり出している。

天気運

私は常々、〝この人〟は天気に恵まれないな、と思う。

外交官が政治家の日程を調整・手配するように、指導者の都合に合わせて気象を調整する責務を負う〝気象大臣〟がいるとすれば、習近平にとっくに首を切られているだろう。

例えば、こんなことがあった。二〇一八年三月に北京で開かれた第十三期全国人民代表大会第一回会議では習の終身支配も可能となる憲法改正案を採択し、中国共産党にとっては歴史的な大会となった。長期支配へ足場を固めた習が反対零票で再選された日（三月十七日）は、彼にとってまさに〝晴れの舞台〟だったが、北京は未明から冷え込み百四十五日ぶりの大雪が降った。

中国のSNSでは「政治の茶番劇を天は見ていられなくなったのではないか」などと雪に思いを託す形で憲法改正を批判する書き込みが相次いだ。それらの不満の声は礼賛の報道にかき消され、氷の結晶のように跡形もなく消えてしまったが。

こんなこともあった。山東省青島市沖で海軍創設七十周年を記念した国際観艦式が開かれた二〇一九年四月二十三日。最大の目玉は、一万トン超のアジア最大級の新型駆逐艦「〇五五型」の初公開で、習近平も現場入りし、ミサイル駆逐艦「西寧」に乗り込んで観閲官を務めた。だがあいにく朝から濃霧が発生し、観閲を受けた中国初の空母「遼寧」もぼんやりと影が見える程度だった。中継していた国営中央テレビの画像は不鮮明で、テレビの司会者も思わず「残念ながら霧が出てはっきり見えません」とぼやいた。

そのためか、習の表情も曇っていた。あまりにも不機嫌そうにしているので「風邪をひいたのではないか」とのうわさが流れるほどだった。

二〇二〇年五月、新型コロナウイルス感染症の影響で延期されていた第十三期全人代第三回会議が北京で開かれた。国際社会では最初に新型ウイルスを確認した中国の初動の遅れに対する批判が強まっており、習指導部にとってこのときの全人代は、初動対応を正当化し、感染症との闘いにいち早く勝利したと国内外にアピールする重要な場と位置付けられた。

全人代開幕日の前日（五月二十一日）に開かれた国政助言機関、人民政治協商会議（政協）第十三期全国委員会の第三回会議では、習ら共産党指導部メンバーはマスクを着けずに出席し、感染症克服を演出した。

会議で共産党序列四位の汪洋政協主席が演説を始めた頃、北京の中心部が急に真っ暗になり、大粒の雨や雹が降り始めた。午後三時四十分ごろなのに、真夜中のようだった。新型コロナ流行に伴う混迷が深まる中、異常気象は重苦しい未来を予感させ、明るく振る舞う指導者たちの不自然さを際立たせた。

このように〝あの人〟の天気運の悪さを示す例は枚挙にいとまがない。次に、私が最も印象に残っている日のことを記したい。

気象予報チーム

二〇二〇年末、北京地域の短中期の天気予報を担う北京市気象台に十一人の精鋭からなる特別チームが密かに結成された。その目的は、半年後の七月一日午前の天気を分刻みで予報するという風変わりなミッションのためだった。

二〇二一年七月一日は中国共産党創建百年に当たる。その時点では公表されていなかったが、北京で華々しく祝賀大会が開かれ、党トップの総書記である習近平が演説をするのは明らかだった。近年、党創建の節目の祝賀大会は屋内の人民大会堂で開くのが慣例だったが、党は屋外の天安門広場で開くことを決めた。後述するが、そこには習の〝あるこだわり〟があった。

習指導部は早い段階で閲兵式（軍事パレード）は実施しない方針を内々に確認した。あくまでも党の記念日なので、注意力を分散させるべきではないとの判断だった。党指導部の祝賀大会への力の入れようは並々ならぬものがあった。

六月末から七月初旬の北京は雷を伴う豪雨や台風などで川が増水しやすい出水期に当たる。移り変わりの激しい空模様を正確に言い当てるのは難題といえ、気象予報特別チームに緊張が走った。

鄧小平問題

習にとって、党創建百年の大会は、一年後の第二十回党大会で総書記として異例の三期目に突入するための重要なステップでもあった。悲願の長期支配を前に、〝鄧小平問題〟の解決に着手した。毛沢東と並ぶためには、鄧の歴史的地位を低下させる必要があった。

二〇二一年二月下旬、江蘇省無錫市郊外にある「華西村」の広場で、雨にもかかわらず長い列をなす住民の姿が目を引いた。いずれも村営企業に出資金の返還を求める人々だったことが判明し、資金不足による「取り付け騒ぎ」とのうわさが広がった。

華西村は中国有数の「金持ち村」として知られる。もともと貧しい農村だったが、最高実力者だった鄧が主導した一九七八年以降の改革・開放路線の波に乗り、鉄鋼や紡績などの村営企業を立ち上げて村の工業化に成功。「すべての家庭が別荘と高級車を所有する」とも言われ、政府からは理想の発展モデルともてはやされてきた。

しかし、成長を率いた村のトップ、呉仁宝・党委員会書記が二〇一三年に死去すると、企業の経営は傾き、多額の負債を抱えるようになった。

没落の要因として、時代の変化に対して鉄鋼主体の経営から脱却できなかったことや、柔軟性を欠く一族経営の弊害などが指摘されている。

ただ共産党にとって華西村は改革・開放政策の象徴という特別な意味があった。党機関紙は従来、「鄧小平がいなければ今日の素晴らしい日々はなかった」とする住民の声を紹介するなど、村のサクセスストーリーを鄧の功績として扱ってきた。

ところが、党創建百年の節目を前に、中国メディアは一転、「華西村は破産寸前」「危機が明るみに出た」などと村の行き詰まりを批判的に報じるようになった。党・政府は厳しい言論統制を敷いており、こうした論調を当局が容認した可能性が高い。

中国政治の動向を追う北京の雑誌記者は「鄧は一部の人が先に豊かになることを認める『先富論』を唱えたが、金持ちは海外に移住し貧困層の牽引役とならなかった。習は華西村の教訓を通じて鄧の路線を修正しようとしている」と分析した。

毛沢東と並ぶ

祝賀大会のために結成された気象予報特別チームが描いた予想図は、悲観的な内容だった。大会直前の六月二十七日から当日の七月一日にかけてほぼ毎日雨天となり、局地的に強い雨が降る——。当局は六月二十九日に予定していた百周年の党の歴史演劇の公演を急遽二十八日に変更。見せ場となる打ち上げ花火などの演出に影響することを恐れたためだった。

百年の節目に合わせて公開された北京市の党歴史展覧館は、党史を①一九四九年までの革命・建国期②七八年までの社会主義建設期③二〇一二年までの改革・開放期④それ以降の計四部に時代分けした。鄧、江沢民元総書記、胡錦濤前総書記の三指導者が第三部にまとめられる一方で、一二年の習指導部発足以降を第四部として時代を画した。

二十八日夜に行われた歴史演劇の公演も、毛が指導者の革命期と建国期、鄧、江、胡の三指導者が率いた改革・開放期、続く習の「新時代」と、歴史を四部に分ける構成だった。

従来の党の歴史観では、中国の急速な経済発展に道を開いた鄧は毛と並ぶ突出した存在として扱われていた。しかし公演に携わった党関係筋は「鄧、江、胡の功罪を巡っては党内で議論があり、ことさら目立たせない」と述べ、毛と習を意図的に別格扱いしたと解説した。

公演は、習ら党政治局常務委員七人を含む計十八人の新旧の最高指導部メンバーが観劇。一方、胡や温家宝前首相ら一部の引退幹部は姿を見せなかった。内容に不満があり欠席したとの見方もある。

グレーの衣裳

七月一日午前七時五十五分。祝賀大会当日の朝、グレーの中山服を着た習が天安門の壇上に姿を見せた。

「今日は中国共産党の歴史にとっても、中華民族の歴史にとっても、非常に重大で厳かな日だ」。習は演説の冒頭で、中国が貧困から脱却して経済や国民生活に一定程度のゆとりができる「小康社会」を全面的に達成したと宣言した。

小康社会とは、鄧が一九七九年、訪中した大平正芳元首相に、中国にとっての近代化について説明する際に使った概念だった。その後、党は小康社会の全面的な達成を二〇二〇年までの目標に掲げていた。

小康社会実現の宣言は、公約の達成をアピールすると同時に、鄧以来の時代を終わらせる意味合いもあった。

「われわれをいじめ、抑圧し、奴隷にしようとする外部勢力を中国人民は絶対に許さない。そうしようと妄想する者は十四億人の血と肉でできた鋼鉄の長城に頭をぶつけ血を流す」

「闘争し、すべてのリスクと試練に打ち勝つ勇気を持たなければならない」

「偉そうな態度の説教は絶対に受け入れない」

一時間余りにわたる演説は国際環境を反映し、厳しい内容が目立った。強気な発言の度に、広場を埋めた約七万人からひときわ大きな拍手と歓声がわき、ナショナリズムを鼓舞して求心力を高めようとする習の政治スタイルが体現された。

演説では十九世紀のアヘン戦争以来、列強に侵略された「屈辱の歴史」に言及しつつ、新疆ウイグル自治区や香港、台湾などを巡る問題への介入を試みる欧米を念頭に「闘争」を繰り返し呼び掛けた。

台湾問題では「祖国の完全な統一を実現することは党の揺らぐことのない歴史的任務だ」と明言。「台湾独立」のたくらみは断固粉砕するとした。武力の使用や統一の時期には触れなかった。

諸外国の圧力をたっぷりと強調した上で「過去も未来も中国共産党の強固な指導があってこそ（中略）中華民族の偉大な復興という中国の夢は必ず実現できる」と述べ、一党支配の存続の意義を訴えた。

演説内容に目新しさはなかったが、歴代指導者の演説と比べると重大な変化があった。社会を大混乱に陥れた大規模政治運動、文化大革命を全面否定した一九八一年の「歴史決議」に触れなかったのだ。

二〇〇一年の党創建八十年の演説で、江沢民総書記はこう述べていた。「われわれの党は歴史の一時期に過ちを犯し、深刻な挫折に直面した。根本的な原因は当時の指導思想が中国の現実から乖離していたことにある（中略）党は『建国以来の党の歴史問題に関する若干の決議』（歴史決議）で系統的な総括を行った。皆しっかりと心に刻まなくてはならない」。

二〇一一年の党創建九十年の演説でも、胡錦濤総書記は江とほぼ同じ文言を踏襲した。

一九四九年の党政権樹立後、毛は生産性向上を強引に進めて失敗し、大量の餓死者を出した。党内での立場が危うくなると批判者を粛清する政治運動を展開。文革では、毛に忠誠を誓う若者「紅衛兵」が知識人や幹部らに暴行を加え文化財を破壊した。死者は一千万人ともされる。

毛の死後、実権を握った鄧は混乱の反省から個人崇拝につながる幹部の終身制を廃止した。党は一九八一年六月の中央委員会総会で採択した「歴史決議」で、文革が党、国家、人民に深刻な挫折と損失をもたらしたと明記。文革は「毛沢東同志が発動し、指導した」とし、毛に誤りがあったことを明確にした。

文革後の指導者は、政治闘争に明け暮れて国を荒廃させ、党を崩壊寸前に追いやった教訓を語り継ぎ、自ら戒めとしてきた。しかし習はそうした伝統を継承せず、自らの輝かしい業績を並べることに終始した。

曇天

習のこの日の服装は天安門に掲げられた毛の肖像画と同じ色柄で、毛と自身を重ね合わせたのは明らかだった。ほかの指導部メンバーはスーツ姿だった。

毛の肖像画は、右肩に影が差している。天安門は東西を走る長安街に面しており、肩に落ちた影は東から昇る太陽を示唆している。

「東の空が赤く染まり　太陽が昇る　中国に毛沢東が現れた……」。習ら文革世代で、毛をたたえる代表曲「東方紅」を知らない者はいない。

党創建百年を祝う祝賀大会を、なぜ天候リスクのある屋外で開いたのか。なぜ朝にこだわったのか。それは天安門という最高の舞台の中央に立ち、東方から燦々と注ぐ太陽光の祝福を受けながら「東方紅」の世界を再現する狙いがあったとみられる。

だがあいにく曇天だった。当局は雨を避けるため午前九時と仮決定していた祝賀大会の開幕を急遽一時間前倒ししたが、焼け石に水だった。

天安門広場が土砂降りになる事態は避けられたものの、習の演説中に小雨がぱらついた。気象予報特別チームは一時間半ほどの大会の最後の瞬間まで「三十時間近く休まず」（北京日報）、祈るように衛星写真や天気図を眺めた。

毛の肖像画と同じ色の服で登場した男の右肩に、太陽の影は落ちなかった。雨が哀れむように天安門を濡らした。

私はその光景を前に、わけの分からない同情心が沸くのに気づき、ハッとわれに返った。

歴史決議

この人の天気運の話はこれぐらいにしておくが、毛沢東と並ぼうとしたこの年の出来事を続けたい。

党創建百年の祝賀大会の四カ月前、党は「党の百年奮闘の重大な成果と歴史経験」について秘密裏に検討することを決めた。前述の通り、習は演説で過去の「歴史決議」に触れなかった。その代わりというわけでもないだろうが、指導部は約四十年ぶりに「第三の歴史決議」をまとめようとしていた。共産党の権力者にとって理論の指導権と歴史の解釈権を確保することは重要であり、歴史決議は習の悲願だった。

第三の歴史決議の起草グループのトップに習が就き、それぞれ党序列五位と六位の政治局常務委員、王滬寧、趙楽際を副グループ長に起用した。

四月一日、党は歴史決議に関する意見の募集を開始。議論の中身はほとんど公開されていないが、文化大革命を全面的に否定した一九八一年歴史決議の評価を見直すことや、改革・開放路線を修正することには慎重な意見が出た可能性がある。

いずれにせよ、多くの党員は習の胸の内をはっきり理解した。「来年の党大会で総書記を続投し、歴史の勝者になる」(党関係者)のだと。

習はいつから歴史決議を狙っていたのか。少なくとも二〇一二年の党総書記就任の前後から党の歴史問題を強く意識していたのは間違いない。

党が二〇一三年四月に通達したイデオロギーに関する内部文書(九号文件)は、禁止事項の一つに「歴史的ニヒリズムを喧伝し、党の歴史や新中国の歴史を否定すること」と明記している。

文書は、国内外の「反中勢力」が天安門事件などの再評価を求めるなどして、党の歴史を歪曲していると強調。また改革・開放前後の歴史を分断したり否定したりする者がいると指摘している。

そして、そうした勢力は、党の歴史的地位と役割を根本的に否定し、党による長期政権の合法性を否定しようとしているとの危機感を明記。メディアの管理を強化するなどしてイデオロギー工作を徹底するよう指示していた。

九号文件は、経済成長に道を開いた改革・開放を誤って理解することも非難している。特に「一部の者は『政治体制改革の遅れが経済体制改革を阻んでいる』と述べ、西側の制度を基準にいわゆる全面的な改革を行うべきだと騒ぎ立てている」とし、政治改革を求める勢力に不快感を示している。

これは当時、総書記に就任して半年に満たない習にしてはきわどい内容だった。なぜなら、鄧小平は一九八〇年代に「政治体制改革なくして、経済体制改革の貫徹は難しい。党と政府は分離しなければならない」と語っていたためだ。

鄧が訴えた経済再建と政治体制改革の二つの達成（「二つの手」と呼んだ）は、結果的に党内の論争の火種となった。実際、温家宝前首相は二〇一二年の引退直前に開いた記者会見で「政治体制改革」の重要性を訴えた。

習は、政治改革は党の弱体化につながる議論と見て警戒していたとみられる。九号文件は、温を含む党内改革派への牽制だった。

習は歴史決議について自ら説明した際、「歴史ニヒリズムに旗幟鮮明に反対し（中略）党の歴史上のいくつかの重要な歴史的問題に対するあいまいな認識と一方的な理解をはっきりさせて、根本から見直さなければならない」と訴えた。

これには「改革」への認識を統一する意味も込められており、すなわち政治体制改革という「二つの手」の片方を闇に葬った自身の判断を正当化する試みとみられる。

習のこうした危機感と課題認識に基づく措置は、総書記就任から九年後に歴史決議という形で実を結んだ。新たな決議は党創建から百年の歴史を総じて肯定し、誤りや挫折に関する記述を薄め、分断より連続性を強調するという習の意向に沿った内容になっているためだ。習が正しいと考える歴史観を、今後、否定できない形で確立したことになる。

決議については「長期支配を目指す習が権威付けを図ったもの」との受け止めがあるが、以上の経緯を踏まえると狙いはそれにとどまらない。

習には、党の歴史が好き勝手に解釈される状況を放置すれば、党が権力を失いかねないとの強い危機意識があった。実際、習の発言の意図について解説した人民日報（二〇一三年十一月八日付）の記事は「ソ連崩壊とソ連共産党の崩壊の重要な原因の一つは、ソ連の歴史、ソ連共産党の歴史を全面的に否定し（中略）人々の思想を乱したことにある」と指摘している。

これらのことを踏まえると、習は早い段階で歴史決議を構想していた可能性が高い。党の歴史を巡る混乱の収拾が自身に課された〝歴史的使命〟だと自負していたとみられる。

かじ取り

二〇二一年十一月十一日午後三時、北京の人民大会堂二階の「宴会ホール」。中国共産党の重要会議、第十九期中央委員会第六回総会（六中総会）開幕日。赤いネクタイ姿の習を含む約三百五十人の出席者は、右手を挙げて「党の百年奮闘の重大な成果と歴史経験に関する決議」（歴史決議）に賛意を示した。採択されると「拍手が波のように押し寄せ、会場全体に響き渡った」（国営通信新華社）。

決議で権威を高め、総書記として三期目突入をほぼ確実にした習は、決議の採択を受けこう語った。

「今日、私たちは歴史上のいかなる時期よりも、中華民族の偉大な復興という目標の実現に近づき、自信と能力を持った。新たな起点に立ち、全党が戦略的な照準を見定め、『国の大者（国家の大事）』を胸に刻み、中華民族の偉大な復興の実現に向かう途上で私たちの世代に託されたバトンを握り、しっかりと駆け抜けなければならない」（新華社）

六中総会は、主に軍が所管する会議場「京西賓館」で開かれていたが、最終日は党・政府の最も重要な政治活動の舞台である人民大会堂に場所を移した。重大さを演出する狙いとみられる。

習は四十年ぶりの歴史決議で毛、鄧と並ぶ地位を確立し「習近平時代」を確立させた。十一月十一日に採択された「歴史決議」全文は、その五日後の米中首脳会談の日に合わせるかのようなタイミングで公表された。

党機関紙、人民日報の一面は決議の内容を大きく掲載し、米中首脳会談のニュースは小さく扱われた。バイデン米大統領がメモを取りながら習の話を聞く写真が使われ、米国主導の世界秩序を突き崩す「習時代」の構図を演出した。

公表された歴史決議は約三万六千字で、うち習の「新時代」の記述が半分以上の約一万九千字を占めた。毛時代は約五千五百字、鄧から江沢民元総書記、胡錦濤前総書記の時代は約四千百字だった。過去二回の歴史決議の内容も有効だとし、党の統治の継続性にも配慮した。

毛と鄧がそれぞれ主導した時代にも言及。毛が率いた時代を①新民主主義革命時期②社会主義革命と建設の時期、鄧が率いた時代を③改革開放と社会主義現代化建設の新時期とした。江、胡は鄧の時代に含めた。

党は党創建百年の関連行事でも習を別格扱いし、事実上、江、胡の地位を弱めてきた。鄧が江、胡と並べられたことで、「ある意味で、鄧の格を下げ、毛と習を突出させた」（北京の外交筋）との見方もある。

なお、決議では「抗日戦争の時期」について、満州事変の発端となった一九三一年九月の柳条湖事件を起点にしている。一九八一年「歴史決議」では、三七年七月の盧溝橋事件を起点として「八年」としていた。

日本と中国は一九三三年に停戦協定「塘沽協定《タンクー》」を締結し、柳条湖事件から続いた日本軍の軍事行動がいったん終結した。そのため、日本では三三〜三七年は必ずしも戦争状態にあったわけではないと考えられているが、抗日戦争の期間を四五年の終戦までの「十四年抗戦」とする習指導部の歴史観が党の正史となった。

決議は、理論面から習の指導者としての地位を突出させる仕掛けをしていた。

社会主義のイデオロギーを掲げる党は、マルクス主義を「根本的指導思想」（習）と位置付けており、中国の実情に合わせて発展させることを「マルクス主義の中国化」と称している。

決議は毛沢東思想について「マルクス主義の中国化における最初の歴史的飛躍だった」と評価。そして、習が「新時代の中国の特色ある社会主義思想」を創造し、「マルクス主義の中国化の新たな飛躍を実現した」と強調している。

党の指導思想「鄧小平理論」について説明する部分でも「マルクス主義の中国化」への貢献に触れているが、主語は「党」となっている。個人としての役割が強調された習との格の違いは歴然だ。

習の地位を高めた上で、「習同志の党中央・全党の核心としての地位を確立し、習の新時代の中国の特色ある社会主義思想の指導的地位を確立する」意義を強調。党はこれを「二つの確立」と名付け、党と国家のかじ取りを習に託す根拠としている。

決議は一九八一年「歴史決議」の評価を継承。文革を引き起こした毛の誤りにも言及した。新たに天安門事件にどんな評価を下すか注目されていたが、従来の立場を踏襲して「動乱」と認定。これまで通り「政治風波（騒ぎ）」とし、党・政府が「動乱に反対して国家政権を守った」と強調した。一方、「反革命暴乱」との表現は盛り込まなかった。

個人崇拝

鄧が主導した歴史決議は、当時、党トップだった故華国鋒元主席について「自身への個人崇拝をつくりだし、受け入れた」と非難し、失脚に追い込んだ。鄧は、毛への権力集中が数々の悲劇を生んだ教訓から、いかなる形の個人崇拝も禁じた。

習指導下の新たな歴史決議は、鄧の決議を受け継いだとしつつ、「個人崇拝」に関する記述は消えた。

十一月十一日の六中総会の閉幕翌日、歴史決議に関して説明する中国共産党の記者会見。出席した党中央政策研究室の江金権主任は「五十六の民族と十四億人を抱える大国で、党中央に核心がなく、全党に核心がないなど、想像だにできない。ばらばらに散らばり、どんなこともできなくなる」と述べ、個人崇拝を容認するかのような発言を繰り返した。

さらに習について「地位や名誉に恥じない党の核心、人民の領袖、軍隊の統帥者」と絶賛した。「領袖」は党主席として絶大な権限を握った毛と後継者の華国鋒に使われた呼称だ。

私は「第三の歴史決議を改めて採択したわけだが、四十年来の鄧小平路線を修正したと解釈してよいのか、新たな歴史決議は個人崇拝を防ぐための手だてを打っているのか」と質問したくてずっと手を挙げていたが、指されることはなかった。質疑応答はすべてシナリオ通りであり、いつもの〝やらせ〟会見だった。

新たな歴史決議は二〇一二年以来の習指導部の統治を全面的に肯定する。それには、東シナ海・南シナ海を念頭に置いた「海洋強国の建設」、香港国家安全維持法施行、新型コロナウイルス感染症対応など、歴史的な評価が定まったとは考えにくいここ数年の出来事も含まれていた。

台湾問題については、習の中台関係の「平和的発展」への取り組みにもかかわらず、二〇一六年に台湾で民主進歩党（民進党）の蔡英文政権が発足して以降、「台湾当局の『台湾独立』をもくろむ分裂活動は激しさを増し」たと主張。台湾統一を必ず実現すると明記した。

また「西側のいわゆる『憲政』や多党制による政権交代、三権分立といった政治思潮の浸食・影響を警戒し、防がなければならない」とし、保守的な習の考え方が色濃く反映された。

毛と鄧はそれぞれ歴史決議をまとめ、いずれも党内の思想を統一して指導的地位を獲得、自身の名前を冠する時代を切り開いた。権力基盤を固めた鄧は江沢民と胡錦濤を後継指名。一九九七年に死去後も、二〇一二年に胡が総書記を退くまで影響力を残した。

習が参考にするのがこの鄧の手法だ。二〇二二年の党大会で総書記を続投し、二〇二七年まで三期目を務める。それ以降も、意のままに操れる後継者を指名するか、絶大な権限を持つ「党主席」に就くなどして二〇三〇年代半ばまで君臨し続けるシナリオだ。

次の肖像画

習の歴史決議は、バラ色の未来を描いた。それによると、中国は二〇五〇年ごろに「総合国力も国際的影響力もトップレベルに達し、全人民の共同富裕が基本的に実現し、人民がより幸せで安心な生活を送っている」という。

一方で決議が示唆する「習時代」の近未来は、欧米を敵視し、台湾海峡で米軍とにらみ合い、国内では習への忠誠心を育てる思想統制が加速する姿だった。鄧が主導した歴史決議は個人崇拝に終止符を打ち、改革・開放に道を開いた。それに比べると、世界との対立を予感させる習の「新時代」は高揚感に乏しい。

歴史決議を採択した直後から「卓越した智恵の持ち主、習近平総書記」などと礼賛報道が過熱し、市民を不安にさせた。

採択の翌日、タクシーで天安門広場の毛の肖像画の前を通った。天安門事件の流血を目撃したという北京市民の運転手の男性は「昔の天安門広場は、夏になると市民が昼寝をするような場所だった。今では警察ばかりだ。毛沢東の肖像画の隣に習近平の肖像画が掲げられる日が必ずくる」とせきを切ったようにまくし立てた。

第Ⅴ章　コロナの悪酔い

針金でできた医師、李文亮の肖像（芸術家・艾松作）

一　笛を鳴らした日

ある国が文明国家であるかどうかの基準は、ビルの高さや自動車の速さ、武器の大きさ、軍隊の強さ、科学技術の発達ぶり、芸術の高尚さ、会議の豪華さ、花火の華やかさ、全世界を豪遊する人の多さなどではない。基準はたった一つしかない。弱者とどう向き合うかだ。

（中国湖北省武漢市の地元作家、方方。新型コロナウイルス禍で世界初のロックダウン（都市封鎖）を実施した武漢での生活を日記形式で公開した。当局の怠慢など暗部も包み隠さず描いたことで圧力を受け、国内で全作品が事実上の発禁となった）

李文亮

今後数百年と語り継がれるであろう新型コロナについて、私が初めて耳にしたのは二〇一九年十二月三十一日午前十時十分だった。

武漢出身の友人が「きのうから武漢で重症急性呼吸器症候群（ＳＡＲＳ）が発生したと噂になっている」と教えてくれた。流出した地元医師とみられる人物のスクリーンショットは、武漢の「華南海鮮卸売市場」で感染者が相次いでいることを示していた。

さらに「原因不明の肺炎の治療に関する緊急通知」と題する当局の内部文書も出回っていた。中国総局のスタッフを通じて武漢市衛生健康委員会に問い合わせ、文書が本物であることを確認した。

私は「今後弾ける可能性のあるニュース」と判断し、短く記事にして東京に送った。

二〇一九年十二月三十一日

武漢で原因不明の肺炎
二十七人発症、中国政府調査

【北京共同】中国湖北省武漢市当局は三十一日、市内の医療機関で二十七人がウイルス性肺炎を発症したと発表した。感染源など詳しい原因は不明で、中国政府は感染状況を把握するため、専門チームを現場に派遣。発症の疑いがあれば報告するよう医療機関に求めている。中国メディアが伝えた。

病院は患者の隔離措置を取った。武漢市当局は患者が多く出た市内の海鮮市場を中心に調査、ウイルスの特定を急いでおり、原因が判明すれば公表する方針。人から人への感染は確認されていないという。

中国のインターネット上では、二〇〇三年に大流行した重症急性呼吸器症候群（ＳＡＲＳ）が発生したとの情報が出回ったが、当局は「現時点で原因は不明」と否定している。

これが共同通信が初めて新型コロナについて発信した記事となった。おそらく日本、いや世界のメディアの中でも早い方だったと思う。もっともこのときは「新型コロナウイルス感染症」や「ＣＯＶＩＤ１９」の呼称も定着しておらず、ただの謎の肺炎でしかなかった。ましてや人類史上の大事件になるなど夢にも思っていなかった。

後で分かったことだが、私が最初に接した新型コロナに関する情報は「武漢市中心医院」の眼科医、李文亮たちが発信したものだった。

李文亮の名は新型コロナの痛ましい記憶とともに、中国人の胸に深く刻まれることになる。

笛を鳴らした人

武漢は長江とその支流の漢江の結流点にある漢口、武昌、漢陽の三鎮からなる。漢口は商業の街、武昌は教育・文化・政治の街、漢陽は工業地帯という特徴がある。三つのエリアはそれぞれ微妙に方言に差があり、武漢の人たちは出身地について語るとき「漢口のどこら辺」「武昌のどこどこ」といったやりとりをする。

武漢は戦前に旧日本軍が中国大陸の奥へ奥へと進軍して終盤にたどり着いた地でもある。戦況が泥沼化する中で故郷を懐かしむために武昌の武漢大学に桜の木を植えた。その場所では今でも春になると桜が花を散らせている（現在、校内の桜のほとんどは、田中角栄元首相や日本企業が友好の証しとして寄贈した苗木から育ったもの）。

二〇一九年の暮れ、漢口にある華南海鮮卸売市場を訪れた人の間で体調不良者が続出した。「海鮮卸売市場」の名称だが、水産物のほか、タヌキやマレーヤマアラシ、タケネズミ、蛇などの野生動物も扱っていた。

市場を出入りして十二月十五日に発熱した配送員（六十五歳）は、十八日に武漢市中心医院で治療を受け、肺炎の疑いで入院治療を受けることになった。その後症状が悪化、病院が抗生物質を投与したが効果がなかった。肺胞や末梢気道を洗浄し、その回収液を広州の企業に送り遺伝情報解析をした結果、遺伝子レベルで八十一パーセントがかつて中国で流行したＳＡＲＳウイルスと同じだった。この結果は二十七日に武漢市中心医院と中国医学科学院に報告された。

武漢市中心医院では別の患者にも似たような症状があり、病原体を解析した結果、ＳＡＲＳウイルスとほぼ同じだった。

三十日、同医院の救急科主任を務めていた艾芬はこの診断報告に強い危機感を覚え、交流サイト（ＳＮＳ）で他の医師らに情報を送り、注意喚起した。同日午後五時四十三分、李文亮（このとき三十三歳）もこの情報を同級生の内輪のグループチャットで共有した。「七例のＳＡＲＳ患者が確認された。私たちの病院に隔離されている」

李はその後も「コロナウイルスの感染者と確認された」などと情報を更新した。あくまでも仲間内で注意を呼びかけるつもりだったが、誰かが「七例のＳＡＲＳ患者が確認された」の部分をスクリーンショットで転載し、一気に広まった。私が目にしたのもこれらの情報だった。

中国の人たちは後に、新型コロナ流行の最初期に警鐘を鳴らしたこれらの医師たちを、敬意を込めて「吹哨人（笛を鳴らした人）」と呼ぶようになった。だが当局は吹哨人にいら立ち、圧力を掛けた。

三十一日未明、李は医院の幹部に呼び出され、出回ったスクショについて説明を求められた。明け方に出勤してからも医院の監察課に呼ばれ、「虚偽情報を広めたことへの反省と自己批判」を書くよう求められた。

年が明けた二〇二〇年一月三日、李は武漢市公安局に出頭を求められた。公安局は「デマを流した」として訓戒書に署名するよう命じた。訓戒書には「インターネット上に不正確な言論を発表した違法問題について警告し、訓戒する」と記されていた。

李は「デマではない」と抵抗を試みたが、無意味だと悟った。当局と争うことや職場で処分されることが怖かった。

訓戒書「公安機関はあなたが積極的に協力し、警察の忠告に従い、違法行為をやめるよう希望する。できますか？」

李文亮の署名「能（できます）」

訓戒書「警告しておく。あなたが自身の主張に固執し、悔い改めず、違法行動を続ければ、法律の制裁を受ける！　分かったか？」

李文亮の署名「明白（わかりました）」

李は自身の署名に押印するため親指の腹を押し当てた。

話は前後するが、武漢の警察アカウント「平安武漢」は一月一日、「デマを拡散した八人を召還し、処理した」と公表。後に八人は全員医師だったことが判明した。

市民の間で昨年末から話題になっていた肺炎騒動は、この警察の「デマ認定」によって沈静化した。予防の意識は薄くなり、マスクを着ける人も少なくなった。

対応の遅れ

新型コロナ感染症流行の最初期、当局が力を注いだのは感染拡大防止ではなく、事態の過小評価と〝騒ぎを大きくしない〟ことだった。

武漢市当局は一月三日、「原因不明のウイルス性肺炎で四十四人が発症、うち十一人が重症」と発表。中国政府は初めて米国とＷＨＯに感染症の情報を通報した。

同時に当局は「三日以降の発症は確認されていない」と繰り返した。このため武漢市民やこの肺炎に関心を持つ人の間では「肺炎は三日に封じ込められた」との認識が広がった。

市当局は同五日にも原因不明の肺炎の発生状況を発表。しかしその後、感染症に関する情報公開を十一日までぴたりとやめてしまう。それは、武漢市で六～十日に地方議会に当たる両会（人民代表大会と政治協商会議）が開かれたためだとみられている。

中国メディア「財新」によると、六日、華南海鮮卸売市場を訪れて「いない」医師が原因不明の肺炎に感染。人から人への感染が起きた可能性がある重大なケースだったが、病院は内部会議を開き、状況を外に漏らしたり、メディアに伝えたりしないようくぎを刺した。病院ではその後も医療従事者の感染が相次ぎ、死者も出た。

十一日、市当局は原因不明肺炎によって初の死者一人が出たと公表。そのときも「人から人に感染した明確な証拠は見つかっていない。医療従事者を含む密接接触者からは誰も感染例が見つかっていない」と強調した。

この日から、湖北省（庁舎は武漢市武昌区）の両会（人民代表大会と政治協商会議）が始まった。十七日に閉幕するまで武漢市当局の発表の上では感染者も死者も出なかった。一方、十二日にタイで、十六日には日本で初の感染者が出た。

中国の雑誌「財経」によると、十七日に、香港大深圳医院の臨床微生物・感染コントロール制御科の袁国勇主管が新型肺炎の人から人への感染例を見つけ、書面で中国疾病予防コントロールセンターの高福主任らに報告した。センターは国家機関で、中国政府はこの時点で事態の深刻さを認識していた可能性がある。

この日、習近平はミャンマーに旅立ち、十八日まで滞在。さらに十九〜二十一日まで雲南省を視察した。五日間、政治の中枢である北京を離れていた。

十八日に武漢で「万家宴」と呼ばれる約二万人規模の宴会が盛大に開かれた。この宴会は後に、感染が後戻りできないほど爆発的に広がるきっかけになったと指摘される。当局者も参加しており、肺炎の深刻さは軽視されていただけでなく、地元政府系メディアは宴会の写真を一面に掲載し、感染症への不安の沈静化を図った。

一方、SARSの際に前線で活躍した感染症の権威で、中国政府の専門家グループのトップを務める鍾南山が十八日に武漢入りする。翌朝、医療機関で患者を視察。休む間もなく午後五時まで会議を開き、空路で北京に戻り、そのまま国家衛生健康委員会を訪れた。

二十日午後、鍾南山や香港大の袁国勇らが記者会見を開き、「武漢の新型コロナウイルスによる肺炎で人から人への感染が確認された。十四人の医療従事者が感染した」と宣言。さらに「いま、武漢に行かなくて済むなら行かないように、武漢から出なくて済むなら出ないように」

と呼び掛けた。多くの中国人や外国の駐在員、記者らは、これにより初めて事態の深刻さを認識した。私自身、この日から数カ月間、一日も休まずに感染症の取材対応に追われるようになった。

習は視察先から感染症への対応を指示。春節（旧正月）に伴う二十四～三十日の大型連休期間中に国民の大規模な移動が見込まれるとして、新型コロナによる肺炎の拡大を全力で阻止するよう指示した。新型肺炎で指導部がメッセージを発信したのはこれが初めて。ここから急転直下で事態が動く。

二十一日に湖北省・武漢市政府が疫病予防対策に取り組む姿勢を初めて示す。地方レベルで謎の肺炎が認識されてから、本格的な対策に乗り出すまで二十日が経過していた。この間、武漢市の市場を中心に感染が広がった可能性があるウイルスは日本を含む海外に広がっていた。後に中国の独立系メディアは怒りを込めて「失われた二十日間」と呼ぶようになった。

中国政府は二十三日に千万人規模の都市、武漢市をまるごとロックダウン（都市封鎖）する強硬措置を取って封じ込めを図った。習は中国の元日に当たる二十五日に最高指導部メンバーを集めて肺炎に関する会議を開いた。

機能不全

広大な中国大陸を統治する上で、地方政府は末端の神経細胞の役割を果たし、感染症のような深刻な事態が起これば速やかに中央に報告し、連携対応に当たることが求められる。

ところが経緯を振り返れば、感染症の発生から一カ月余りの間に報告の遅れや情報の隠蔽、事態の過小評価などが起きており、指導部が問題を認識するまで謎の感染症はほぼ放置された。地方政府は機能不全に陥っていた。

湖北省での両会（議会）の開催を控え、安定維持（維穏）が地方官僚の間で最優先された可能性が高い。「SARSが発生した」という医師の警鐘を、医学的知見を持たない警察が「デマ」と断定し、「社会に動揺を与えた」との理由で処罰したのもその証左だ。

中央と地方の衛生当局の間では情報は共有されていたとみられる。国家衛生健康委員会の専門家チームが前年十二月には現場入りしていたが、それでも迅速な対応にはつながらなかった。官僚の間で「習が北京不在の間に面倒を起こしてはならない」という心理が働いたのではないだろうか。

事態の深刻さが認識されて以降、武漢市の周先旺市長は国営中央テレビのインタビューに応じ「地方政府として、この情報を得た後、権限がなければ公表できない」と語った。中央政府から情報公開の許可が得られなかったことを示唆した発言として注目された。

共産党・政府系メディアは隠蔽に加担するばかりで、感染拡大の防止に何の役にも立たなかった。一方、「財経」「財新」「新京報」「中国青年報」「経済観察報」「中国新聞週刊」「南方週末」といった比較的独立したメディア及びSNSで活動する「ニューメディア」を中心に当局の初動対応の遅れや情報の隠蔽を批判する報道が急増した。記事は一〜二時間で削除される場合が多いが、この時間差を利用して情報発信を続ける記者や知識人が続出した。

著名ジャーナリストの王五四もその一人だ。百二十五のＳＮＳのアカウントが閉鎖されたが、情報統制に挑み続けた。王は「意見の表明は人としての基本的な権利。それを守るために声を上げなければならない」と語った。

それらの一次情報の大半が当局の検閲で削除され、今は見ることはできない。当局の圧力を受けた記者もいるし、拘束されたジャーナリストもいる。ＩＴ大手、騰訊控股《テンセント》が展開するニュースサイト「大家」（コロナ禍後に閉鎖）は中国に新型肺炎について客観的に伝えることができるメディアが存在せず、人々の感染対策が遅れて被害が拡大したと訴えた。人から人への感染などが早く報じられていれば感染者数は大幅に減った可能性があり、報道の自由を奪った当局を非難した。「人々の耳目をふさぐこともある種の感染症だ。誰もその災いから逃れることはできない」

中国指導部は後に、初動対応の失敗を指摘する国際社会の非難を「米欧の陰謀」などと切り捨てるが、もともとそれらを掘り起こしたのは中国の勇気ある記者だった。記者たちの動機は母国を貶めることではなく、責任の追及というジャーナリズムの責任を果たし、社会の進歩を願ってのことだった。

地方官僚やメディアが無能だったために感染が広がったという単純な構図ではない。

習は二〇一二年に共産党トップの総書記に就任して以来、反腐敗運動を通じて政敵を排除した。さらに人権派弁護士や独立系メディア、非政府組織（ＮＧＯ）など権力監視を担う存在を取り締まり、「一強体制」を構築してきた。

その結果、地方政府の中央への忖度やミスを恐れる官僚のサボタージュが深刻化。不都合な情報を習指導部に届ける仕組みは細り、新型肺炎の患者に寄り添う民間組織もなく、ただ放置された。

党中央が描くビジョンにとって不都合な情報や分析は、現場から習に伝えられず、的確な情勢判断ができなくなっているのではないか――。コロナ禍をきっかけに、こうした統治の危うさが国内外で認識されるようになった。

武漢市がロックダウンとなった前後から、地方政府は一転して感染状況を積極的に公開するようになった。感染者と死者の数はＳＡＲＳを上回る勢いで日に日に更新されていった。

庶民の間で当局への不満や怒り、将来への漠とした不安が広がる中、最初に警鐘を鳴らした医師の一人、李文亮が新型コロナ感染症で死去する。

笛を鳴らそう

「デマを流した」として訓戒書に署名した李は医療現場に戻った。当局はデマ認定したが、患者は日増しに増えていく。二〇二〇年一月八日にも体調不良を訴える患者を診察した。この頃、病院は「不安を煽る」という理由で医師らになるべくマスクや防護服などを着用しないよう求めていた。李も予防措置を取っていなかった。

翌日に発熱し、二十一日に新型コロナの感染疑いで入院。二十四日に重症患者の病室に移され、二月一日に感染が確認された。

一方、新型コロナ感染拡大の経緯が明らかになるにつれて、人々に真実を告げようとしていた李文亮は一躍時の人となる。多くの人が李の短文投稿サイト、微博《ウェイボ》にアクセスし、好物のミルクティーやフライドチキンの写真を投稿する素朴な人柄に好感を抱いた。

中国メディアは李の入院や病状を逐一報道し、感染症対策のため行動制限を強いられている市民らはリアルタイムで見守った。李は入院中に取材に応じ「今すぐにでも感染患者を治療する現場に戻りたい。同僚たちはとても疲れている」と語った。隠蔽を図った当局への信頼が地に落ちる一方、SNSで李文亮らは英雄のように扱われた。

李が二月六日夜に救急治療室に運ばれると、中国の通信アプリ「微信《ウェイシン》」にその情報が一気に広まった。死亡情報も飛び交った。翌七日午前三時四十八分、武漢市中心医院は公式アカウントに「当医院の眼科医、李文亮は新型肺炎と闘う医療現場で不幸にも感染しました。全力で治療に当たりましたが、二〇二〇年二月七日午前二時五十八分に死去しました。深い哀悼の意を表します」と発表した。

SNSは瞬く間に哀悼の意を示し、当局の対応に怒り狂うコメントで埋め尽くされた。李文亮の警告に耳を傾けていれば感染症の犠牲は防げたはずなのに、李を含む庶民は政治の隠蔽体質や怠慢の代償を払わされた――。市民の不満が李の死をきっかけに一気に噴出した。
微信には次のような呼びかけが拡散された。

【今夜、武漢のために笛を鳴らそう】

すべての武漢人、湖北人、世界各地の感染症に感心を持つ友よ：
今夜九時、家に明かりをともし、笛をならそう。武漢のために笛をならし、感染症を暴いてくれた李文亮医師を祈念しよう！
明かりと笛で、感染症により逝去され、家族や友人、隣人、同僚に別れを告げることができなかった同胞を祈念しよう。
明かりと笛で団結しよう！　病に苦しみ、絶望の中で医者を待っている人たちを励まそう！　最前線で闘う医師を鼓舞しよう！　みんなで耐えていかなければならない！　必ず明るい光を迎えることができる！

【祈念方法】
八：五五―九：〇〇

明かりを消し、英雄と死去した人たちに黙とうする

九：〇〇―九：〇五

光を発するものを使って（携帯、懐中電灯、照明など）窓の外に向け、皆で笛や口笛を吹こう（あるいは声を発出できる道具で）！

九：〇五

祈念終わり

（窓を閉め、ウイルスが伝播するのを防ぐこと）

武漢市民の提案です！　賛同者は一緒に参加して下さい！

七日午後九時になると、武漢市民たちは待機中の自宅で一斉に絶叫し、鍋をたたくなどした。武漢以外の人たちもＳＮＳにろうそくの絵文字を投稿するなどして連帯を示した。

李への追悼は、共産党・政府の感染症対応への抗議の性格も帯びていた。李が押印した訓戒書には「（公安の指示通りに）能（できます）」「（公安の警告について）明白（分かりました）」とサインしてあったため、「不能、不明白（できません、分かりません）」が当局非難のスローガンになった。

習指導部発足後、抗議の色彩を帯びた集団行動がこれほどの規模で広がったのは初めてだった。奇妙なことに、中国外務省などの党・政府系機関も李に対する公安当局の対応に怒るコメ

ントをＳＮＳに投稿し、党機関紙の人民日報や新華社などは李の追悼文を発表した。李の死去にうまく対処しなければ国民を敵に回しかねないとの危機感を反映していた。

政府は李への当局の対応に問題がなかったかを検証すると発表。湖北省政府は李に哀悼の意を示し、事実上の名誉回復を行った。

新型コロナ禍をきっかけに、共産党・政府と国民の亀裂は深まっていく。李文亮の死を受けた集団行動は両者の溝が表面化した最初のケースとなった。

一つの声

李文亮は生前、財新の取材に対し「健全な社会はたった一つの声だけが聞こえてくるようであってはならない。公権力による（言論への）過干渉には賛同しない」と語り、多様な意見を受け入れるべきだと訴えた。

李文亮の死は、政治の在り方や情報公開の大切さ、メディアの役割について思考し、意識変化を起こすきっかけにもなった。

愚かな政治は人の生命を危うくする。

中国共産党機関紙、人民日報系の環球時報（電子版）は三月、新型コロナ流行の最初期に病院側が現場の医師に「（感染症について）報告するな」と口止めし、隠蔽工作を図っていたとスクープ。当局がウイルスの流行を隠そうとしていたことを強く示唆した。

同紙は党のプロパガンダを伝える「喉と舌」と称されるメディアの代表格で、当局に批判的な報道は極めて異例だったが、公開から間もなくウェブサイトから削除された。

習指導部は言論の自由への意識の芽生えや責任追及を求める世論の高まりに強い危機感を覚え、言論統制を一段と強めた。新型コロナに関する不都合な情報や報道を次々と削除。当局に消された記録をミラーサイトなどで残そうとしていた北京の若い男女は「国家政権転覆」の疑いで拘束された。

一方、共産党の指導によりコロナを世界に先駆けて克服したという新たな神話作りに没頭した。国民は、当局が打ち出す「物語」のために多大な犠牲を払うことになる。

情報統制が厳しくなる中、李文亮の短文投稿サイト、微博のアカウントは死後も〝奇跡的に〟残された。党・政府は世論の圧力を受ける形で李への訓戒処分を撤回、「烈士」の称号を与えていた。感染対策の「成功」を誇る指導部にとって、初動の隠蔽を想起させる李は不都合な存在だ。ただ国民から慕われる李のアカウントを強引に閉鎖すれば世論を敵に回すと判断し、黙認しているとみられる。

李の投稿のコメント欄には今も、感謝や哀悼、悲しみ、当局への怒りの書き込みが途切れない。内容は深刻なものから、他愛もない日常報告までさまざまだ。

「李先生、おはよう」「お茶を飲んだら眠れなくなりました」「志望校に合格した。嬉しい」「××さんに恋しています」「就活と卒業論文が忙しくて大変です。両方ともうまくいきません。

将来は今よりよくなるかな？」「人生に迷っています」「どうしてこんな社会になったんだろう」「子どもが産まれました」「妻の病気が早く治りますように」……。

李の投稿へのコメントは、何度スクロールしても見終わることはない。人々は書き込みを続けることで、「健全な社会」に対する李の思いをかろうじてつないでいる。

二　侵略を支持した日

新型コロナウイルスが中国の政治や外交の変調をもたらしたわけではないが、一つのきっかけになったとは言えるだろう。感染症は安酒のように為政者をほろ酔い気分にさせ、やがて悪酔いに向かう。

戦場

その日の中国外交部（外務省）の定例記者会見はいつになくほぼ満席だった。

普段は息を潜めるように後方に座る北朝鮮メディアの記者は定位置の席が埋まっており、仕方なく最前列に座った。私が「珍しいね」と声を掛けると「人が多くてね」と苦笑した。

この日——二〇二二年二月二十四日——北京時間の午前中にロシアがウクライナに侵攻した。約三週間前、ロシアのプーチン大統領は北京を訪れ、習近平国家主席と膝詰めで会談していた。習はプーチンを、欧米主導の国際秩序を転換するための「同志」と位置付けており、総書記就任以来こまめに連絡を取り合っている。本音を打ち明けることができる数少ない外国指導者かもしれない。

習はプーチンから侵攻を知らされていたのか。中国はロシアの侵攻をどう評価するか。殺気立つ記者会見場に、華春瑩報道局長は定刻時間より遅れて姿を見せた。ロシアの侵攻が伝わってからまだ数時間。この事件への指導部の対処方針は定まっていない。中国としては、日米欧のようにロシアを非難するわけにはいかないが、明確に支持すればどんな不利益を被るか分からない。

華は、中国の方向性を見極めようと刺すような視線を送る外国記者らを前に①中国の立場を明らかにしない②いかなる言質も取られない③習近平の外交成果を損なわない——という難しい任務を抱えていた。報道官として最大の試練を迎えていたかもしれない。

「今、プーチンがウクライナを侵略（invasion）しました。キーウ（キエフ）上空には爆撃音が響いています。中国はロシアを非難しますか」。フランスメディアが質問の口火を切った。

華は「典型的な欧米メディアの質問のやり口だ。先入観を持って〝invasion〟という言葉を使った」と最初からけんか腰だった。そして「私たちは各国に自制を保ち、事態が制御不能にならないよう呼びかけている」と述べた。

「中国はロシアの行為を侵略とみなしているのか」「ロシアに軍事設備を提供しているか」「ウクライナは主権国家か否か」「中国はイラク戦争について米国がイラクの主権を侵害したという。ならばなぜロシアにも同じことを言わないのか。ダブルスタンダードではないか」——。「西側メディア」の記者たちはあの手この手で中国の本音を引き出そうとした。

華は余裕の態度を見せようと努めるが、次第にいら立ちを隠せなくなった。「われわれは米国のようにウクライナに大量の軍事施設を提供していない」「火に油を注いでいるのは米国だ」などと矛先を米国に向けようとした。

ある記者が「習近平主席はプーチン大統領のやり方を支持しているか」と聞くと、華は「そのような聞き方は本当にむかつく」と怒りをあらわにした。

さらに近代中国の屈辱の歴史に言及した。「(義和団の乱を鎮圧した)八カ国連合軍のときと同じような国々が虚偽情報に基づいて中国を非難している」と主張。義和団は清朝末期の秘密結社で、排外運動を展開した。一九〇〇年には各国公使館を包囲、日本の外交官も殺害され、欧米や日本を含む八カ国が出兵して鎮圧した。

華は祖国を守る兵士のような目つきで、一時間以上にわたる記者会見を乗り切った。

この日の夜、中国の王毅国務委員兼外相はロシアのラブロフ外相と電話会談し、ウクライナ問題に関して「安全保障問題でのロシアの合理的な懸念は理解できる」と伝えた。ラブロフは

「米国と北大西洋条約機構（NATO）が東へ拡張し続けており、ロシアは自国の権益を守る措置を取ることを迫られた」と説明。王は「ウクライナ問題は複雑で特殊な歴史的経緯がある」とうなずき、NATO拡大を容認しないロシアの立場に寄り添う姿勢を見せた。

明言せずとも、中国はロシアの〝侵略〟を容認した。

シナリオ

話をプーチンのウクライナ侵攻の二年前に戻す。

どれほど有能な中国共産党宣伝部《シナリオライター》でも、このときばかりは頭を抱えたに違いない。新型コロナウイルスの発生と中国発のパンデミック（世界的大流行）で中国は動揺し、政権は国内外の圧力にさらされた。この状況からどうやって主人公（習近平）を救い出せばいいのか。党は奇策を繰り出すことでこの難題を強引にクリアしようとする。

二〇二〇年二月三日、共産党中央政治局常務委員会はコロナへの対応を協議する会議を開いた。

「今回の疫病はわが国の統治システムと能力にとって大きな試練であり、必ず経験を総括し、教訓を汲み取らなければならない。今回の疫病対応で露見した欠点と至らない部分に対して、国家の緊急管理システムを整備し、難しくて重大な任務に対処する能力を高めなければならない」との認識を共有した。

前年十月の党の第十九期中央委員会第四回総会（四中総会）で「中国の特色ある社会主義制度と統治システム」の「巨大な優位性」を誇示し、西側諸国の統治モデルを拒絶する姿勢を見せたことを踏まえれば、「わが国の統治システムと能力」の問題点に言及したのは異例のことだった。

〝反省〟の姿勢を見せた習指導部はこの時点で①感染症の封じ込め②国内の不満噴出の抑え込み③経済への打撃の食い止め④国際社会での孤立の回避――といったいくつもの難題に直面していた。

習指導部は「危機から主導権を生む」ための起死回生の戦略を描いた。それは①習国家主席（党総書記）の指揮権の明確化②感染封じ込めに向けた国民への管理強化③情報統制の徹底④欧米先進国の混乱ぶりの宣伝――に集約される。いずれのプロセスでも権力集中を進めた習の強権が大いに発動された。

「今、新型コロナウイルス抑え込みへの取り組みは最も骨が折れる重要な段階に入っている」。習は二〇二〇年二月十二日に最高指導部メンバーが集まる党政治局常務委員会の会議で、コロナに打ち勝ち、経済と社会の発展目標を達成しなければならないと訴えた。

この会議では、三月に開催する予定だった全国人民代表大会の延期を決めたほか、コロナの指揮権が習にあることを明確にする方針を確認したもようだ。コロナの指揮権については、初動対応の失態の責任追及の声が上がっていたこともあり、あいまいにされていた。

指揮権を明確にするにあたり、まずコロナが初めて確認された湖北省のトップ、蔣超良同省党委員会書記と同省武漢市のトップ、馬国強市党委書記が事実上更迭された。

そして党の政治理論誌「求是」は二月十五日、習がコロナ対策を一月七日時点で指示していたと強調する演説を掲載。党・政府系メディアが当時報じた記事にはコロナに関する内容は一切なかったが、習が初期から指揮していたという〝新事実〟を明らかにする奇策だった。初動対応が遅れたのは習の指示をないがしろにした地方幹部の責任という理屈が成り立つことになる。

絶対権力者の習の指揮権を明確にするということは、地方官僚にとって失敗が許されないことを意味していた。以降、中国内で集団感染が起きるたびに地元のトップや当局者が処罰され、中央と地方の極度な緊張関係がつくられた。

中国のコロナの封じ込め策の肝は徹底した移動制限だ。感染が初確認された湖北省武漢市を二カ月半ロックダウンしたほか、十四億人の行動を監視・管理するのに町内会的な役割を持つ「社区」の仕組みが活用された。

「社区」とは住宅街や団地など居住区ごとに設置された組織で、住民への社会サービスの提供のほか、党・政府の宣伝を担う。党はコロナ対策のため既存の社区の統治機能を強化し、毛細血管のように監視の目を張り巡らせる体制を速やかに構築した。

人口二千百万人余りの首都北京市では、二〇二〇年に社区の核となる党支部が一万六百七十七つくられ、動員された党員は四十三万三千人に上った。三百の党支部を「模範支部」に指定し、先頭を飛ぶ雁が群れを率いるように「雁行」形態で住民を指導する体制が整備された。

コロナの流行期は社区の責任者が住民の体調や行動を監視。党中央が頭脳なら、社区の党支部は中央の方針を実行に移す手足となった。

社区の管理では、新疆ウイグル自治区で封鎖期間中に住民が外出できないようドアをテープで封じるなど極端な対応をする例も報じられた。

コロナ対策ではビッグデータや人工知能（AI）など先端技術も導入。政府はスマートフォンでウイルスの陰性やワクチンの接種歴を証明する「ヘルスコード」を開発した。

ヘルスコードは飲食店や公共施設の利用、タクシーの乗車でも提示が求められるので使用せざるを得ず、急速に普及。市民の動きを制限すると同時に、健康を証明できるシステムを整えることで経済活動の再開を円滑に進める狙いもあった。

党は社区と先端技術を駆使することで管理の死角をなくした。コロナの封じ込めには極めて有効な手法だった。だが権力が人々の生活の細部にまで入り込む体制はコロナ後も温存されることになる。

外交問題に

武漢市で初確認された新型コロナは次第に外交問題に発展していった。そこに至るまでに三つの段階があった。

第一段階は、中国が感染症対応を本格化させる二〇二〇年一月二十日ごろまでだ。この時期、コロナに関する情報管理を担当していたのは地元の湖北省当局で、メディアは騒ぎが大きくならないよう事態を過小評価し、沈静化させる役割を担っていた。

第二段階は、中国政府が本格対応に乗り出した一月二十日から二月末ごろまでだ。感染症の深刻さを認識した習指導部は一月二十日、「全力で予防、制圧する」よう関係部門に指示した。同二十三日武漢市を事実上封鎖。同二十五日最高指導部が集まる会議を招集し、「世論の誘導を強化」する方針を確認した。

これを受け、新型コロナの情報管理は全国のメディアを指導する共産党中央宣伝部が担うことになった。ロックダウン（都市封鎖）が実施された武漢市などに国営メディアの記者三百人を投入し、感染封じ込めに取り組む幹部や医療従事者の姿を美談仕立てで伝えた。

国営中央テレビの関係者は「上司から感動的なストーリーを積極的に発掘し、負の感情を刺激する報道はしないよう指示された。政治的な任務だった」と振り返った。

一方、この時期に国内のSNSを拠点とする「ニューメディア」を中心に当局の初動対応の遅れや情報の隠蔽を批判する報道が急増した。中国の宣伝当局も、地元政府に対する批判はある程度黙認していた。市民の不満の矛先が中央政府に向かわないよう、責任追及の標的を地方の幹部に誘導する狙いがあったとみられる。

第三段階は、感染が欧州や米国、中東などに広がり、パンデミックが本格化した三月以降だ。

習指導部が感染症対策に「至らない部分」があったと表明するほど追い込まれる中、イランやイタリアに続き、米国でも三月に感染者数が爆発的に増加した。

北京の外交筋は「中国内で初動の遅れへの不満が渦巻く中、海外の感染被害が中国よりも深刻化したことは中国当局にとって追い風となった。当局は中国の対策が優れていることを証明するチャンスだと判断した」と指摘する。

指導部は、海外の混乱ぶりを強調することで中国の対策の成功を印象付け、さらに感染症を世界に先駆けてほぼ抑え込んだとして「社会主義制度の優位性を示した」との宣伝を展開。また、党・政府系メディアを通じて、国際社会から中国の支援への感謝が相次いでいると大々的に報道した。感染症の危機をも共産党の権力の源泉にしてしまおうという起死回生の戦略を描いた。

新型コロナは単なる公衆衛生の問題ではなくなり、中国の政治体制のメンツや外交にも関わる案件となった。中国は「初動から隠蔽などなかった」との立場を取るようになった。既に公開された報道記事などもネット上から姿を消し、武漢市の医療関係者らは当時の状況を口外しないよう当局から箝口令を敷かれた。

党はこの時期から意識的にコロナに関する記録の再編に着手したとみられる。習率いる党の指導による対策の成功が強調される一方、中国のコロナ対応の暗部も描いた「武漢日記」を公開した作家、方方の作品は発禁扱いとなり、異論を唱える声は封じ込まれた。

「中国の感染予防抑制の成果は中国共産党の指導と中国の特色ある社会主義制度の明確な優位性を改めて示した」。党序列三位で政治局常務委員でもある栗戦書全人代常務委員長は三月十七日、北京でパキスタンのアルビ大統領と会談し、コロナ克服への自信を誇示した。

中国外務省の官僚は、そうしたトップの戦略を支えるため、各国に積極的に医療支援を行うことで中国の感染症からの立ち直りをアピールすると同時に、初動対応に問題があったとする批判を全力で否定する必要に迫られた。いわゆる「戦狼外交」路線が明確になる。

「米軍が感染症を湖北省武漢市に持ち込んだのかもしれない」

コロナを巡る米中関係の悪化を決定付けた中国外交部副報道局長、趙立堅のツイートは、この「第三段階」の時期に投稿された。趙は三月十二日、ウイルスが米国によってもたらされたとの〝陰謀論〟を取り上げ、世界に波紋が広がった。中国の初動の遅れを指摘する米側に反発したとみられるが、米政権の怒りを招いた。

華春瑩も、中国が対応を遅らせて武漢からイタリアなどへの飛び火を許したため世界に広がったと指摘したポンペオ米国務長官に「うそをつくな！」とツイートするなどし、ツイッター（現X）は米中の非難の応酬の舞台となっていった。

習指導部が他国に比べ中国が感染症対策に成功したと主張し、「党の指導の優位性が示された」とのストーリーを描いている以上、初動対応の失態を認めるわけにはいかない。そうしたプレッシャーが中国外交当局者の強硬な外交姿勢につながったとみられる。指導部の意向で抜擢された趙は戦狼外交を象徴する人物とみなされるようになった。

ただ強気な外交姿勢は感染症に苦しむ各国の反発を招き、思惑通り中国の国際的地位を高める結果には至らなかった。特に対米関係は「米中新冷戦」と呼ばれるまで悪化した。

趙がウイルスの〝米軍持ち込み説〟を唱えてから数日後、トランプ大統領は新型コロナを「中国ウイルス」と呼んだ。五月二十九日には世界保健機関（ＷＨＯ）について、中国寄りの姿勢に改善がないとして脱退を宣言した。

感染拡大を巡る中国への責任追及は十一月の大統領選の争点になる可能性が高まり、民主党候補指名が確実だったバイデンも中国に厳しい立場を取った。

清華大の閻学通国際関係研究院長は中国メディアに対し、米中が感染症対応ですら協力関係を構築できなかったことから、「軍事、科学技術、経済など国力の増強に影響を及ぼす問題での協力はもっと難しい」と指摘した。

その上で「米政府と人民を区別」すべきだと主張。米政府と競合しつつも米国民とは友好的な関係を維持し、「米国の反中勢力が勢い付くのを防ぐ」必要があるとした。

ただ米国では国民の対中感情も急速に悪化した。ピュー・リサーチ・センターが四月に発表した調査では、二〇〇五年以降で最悪の六十六パーセントが中国に「否定的な見方」をしていると答えた。

コロナが中国から広がり、国際社会が中南海に厳しい目を向けるようになった時期、この国の指導者はなにを思っていたのか。

二〇二〇年一月二十八日午後、北京の人民大会堂。

WHOのテドロス事務局長が入室すると、濃い青のネクタイにスーツ姿の習近平は立ち上がって出迎えた。

中国発のウイルスのパンデミック（世界的大流行）に伴い、世界から耳目を集めた二人は、少し距離を空けて向かい合った。いすに深く腰掛けた習はゆっくりと語り始めた。会談の冒頭取材を許された私は、感染症流行後初めて公に姿を見せた習の表情に目を凝らした。

「もともと春節は皆が休むべきときだ。しかし中国は新型コロナウイルスが引き起こした肺炎に直面している」

ここでやや ため息をもらし、続けた。「（感染症対応で）私は一貫して自ら指揮し、自ら手を打っている」「必ずこの闘いに勝利できると信じている」。

一息で言い切ると、口に水を含んだ。

夜、国営通信新華社が報じた会談の記事に違和感を覚えた。習の「自ら指揮し、自ら手を打っている」の言葉が消えていたためだ。この発言は感染症対応の責任の所在を明確にした重要な部分だった。

新華社の記事では、習は「私は（中略）中央感染症対応工作指導グループを成立させ、感染症の予防や制御の取り組みをしっかりとやるよう、統一的に指導、統一的に指揮した」と述べたことになっていた。

中国ではコロナへの対応や情報公開が遅れ、感染拡大を招いたとして国民の間に不満がくすぶっていた。当局は、習の責任を明確にすれば初動対応の失態に対する批判の矛先が最高指導部に向かいかねないと懸念し、「自ら」を「統一的に」と修正して責任の所在を曖昧にしたのかもしれない。

二〇二二年六月に発行された軍の内部文献によると、習はパンデミック初期から感染症を安全保障に関わる問題とみなし、危機感を強めていた。

例えば、二〇二〇年五月二十六日に開かれた軍幹部の非公開会議ではこう発言している。

感染症は世界の構図に大きな影響をもたらしており、わが国の安全と発展にも深く影響している。

ある国（米国を指すとみられる）の中国抑え込み戦略は緩むどころか激しさを増しており、いちかばちか軍事的な危険を冒す可能性も無視できない。台湾当局はコロナ禍に乗じて独立を目指す動きが止まらず、周辺のある国（日本を指すとみられる）もこれを機に騒ぎを起こしている。

さらに十一月二十五日の軍の非公開会議でも次のように述べて警戒態勢の強化を指示していた。

（中国は）今後、さらなる逆風にさらされる。戦争の危険は現実的に存在している。

一方、死角のない監視体制で早期にコロナを抑え込んだ中国は欧米や日本などに先駆けて経済活動を再開させ、二〇二〇年の国内総生産（ＧＤＰ）は前年比二・三パーセント増となり、主要国で唯一プラス成長に乗せた。

欧米の混乱ぶりを強調する宣伝により、中国内にくすぶっていた初動対応への不満は緩和され、党のコロナ対応を肯定的に見る雰囲気が広がった。また徹底した情報統制により、コロナ対策に関する当局批判は封じ込まれていた。

中国共産党は海外からの批判を「党政権の転覆を狙う外国勢力の陰謀」と宣伝し、国民が動揺を受けないよう思想統制を強めた。こうした複雑な状況下で開かれた二〇二〇年十二月二十一日の軍の最高指導機関、中央軍事委員会の拡大会議で、習は重要な発言をしていた。

東昇西落は歴史の大勢だ。

「東昇西落」――東洋が台頭し、西側が衰退する――は、中国が欧米を凌駕する段階に入っているとの習の世界観を示すものだ。習はこの日の会議でも、世界大戦の可能性は低いとしつつ、中国が軍事、経済面などで国力を増強する中で衝突リスクが生じるのは避けられないと主張し「戦乱の発生と、その連鎖反応に備えなければならない」などと訴えていた。

一連の発言から、習は将来を悲観するというよりも、コロナ禍を、国際秩序にゲームチェンジを起こす好機とみていたフシがある。そうした世界観を打ち出しながら自身をその中心に置く。

習は「（主権と利益を守るため）常時戦う準備」をするよう指示した。これらの発言は米側にも伝わった可能性が高い。

習の「東昇西落」発言から二週間後、中国を狂喜させる事件が米中枢のワシントンで起こる。二〇二一年一月六日、トランプ前米大統領の支持者らがワシントンの連邦議会議事堂を襲撃、一時占拠した。武装した支持者らは二〇年十一月の大統領選のバイデン当選を認定する議事を妨害し、警察官一人を含む五人が死亡した。

中国当局は米議会襲撃事件と、コロナ感染者数世界最多の米国の状況を絡めて大々的に報道させ、欧米の民主主義の衰退ぶりを宣伝した。事件は習の世界観を補強する格好の題材とされた。中国の官僚や学者たちは盛んに「東昇西落」と口にするようになった。三月に米アラスカ州で開かれた米中ハイレベル対話（ブリンケン米国務長官、サリバン大統領補佐官と中国の楊潔篪・共産党政治局員、王毅国務委員兼外相）で、中国側は「欧米諸国など少数の国々がつくったルールに基づく国際秩序には従わない」「多くの米国民は米国の民主主義に自信がない」「中国の指導者は国民の幅広い支持を得ている」「米国と西欧諸国は国際世論を代表しているわけではない」「米国は上から目線で中国と語る資格は二十年前、三十年前からない」などと強気な発言を連発する。これらは「東昇西落」を体現したにすぎず、習率いる中央に向けられたものだ。外交ではなく完全に内政だった。

二〇二一年は中国がイデオロギー闘争を本格化させた年だった。習は新型コロナに苦しむ欧米を叩きながら求心力を高め、共産党の公式文書上は毛沢東、鄧小平に並ぶ権威を獲得することに成功した。

歴史が二〇二一年で終わっていれば、コロナ禍における米中のつばぜり合いは中国に軍配が上がっていたかもしれない。しかし歴史は無情で、〝勝利の美酒〟に酔いしれる指導者に、「親友」が試練を突き付ける。プーチンがウクライナに侵攻してしまったのだ。

加担

おそらくロシアから北京に向かう航空機に足を踏み入れた時点で、プーチンのウクライナ侵攻は始まっていた。

二〇二二年二月四日、プーチンは北京冬季五輪開幕に合わせて訪中し、北京の釣魚台迎賓館で習と会談した。両国政府は「平和の祭典」の開幕日にはおよそ似つかわしくない文言が並ぶ共同声明を発表した。

「今、世界は大きく変動しつつあり、人類社会は大発展、大変動の新時代に向かっている」。おどろおどろしい文言で始まる声明はおおよそ次のような世界認識を示した。

国際社会の少数勢力は他国の内政に干渉し、分裂と対抗をつくり出している。ある国はイデオロギーで線引きし、他国に〝民主主義のスタンダード〟を押しつけ、民主を定義する権利をも独占している。中ロは国際的な安全保障情勢が直面する深刻な試練を深く懸念しており、いかなる国も他国の安全を代償にして自国の安全を実現してはならないと考える。にもかかわらず、特定の国や軍事政治同盟が一方的な軍事的優位性の確保を求め、国際社会の安全秩序を破壊している。中ロは北大西洋条約機構（NATO）拡大に反対する。中国はロシアが提案した欧州の安全保障の構築に関する提言を理解し、支持する。中ロは第二次大戦の勝利の成果と戦後国際秩序を断固として守る。

声明は欧米を戦後国際秩序の破壊者、中ロを国連中心の国際秩序の守護者と位置付けた。中ロの使命は「国際関係の民主化推進」なのだと。

それは習の「東昇西落」の世界観そのものだった。プーチンは習の世界観に乗っかった。いや、利用したとさえいえるかもしれない。中国は、習近平は、知らなかっただろう。自分たちがその瞬間に戦争の舞台に引きずり込まれたことを。

ロシアはこの声明を出した約二十日後にウクライナに侵攻する。結果的に侵攻〝前夜〟に、中国はロシアと連名で欧米に挑戦状をたたきつけた格好となった。欧米との対立はもともと習時代の外交路線だったが、その戦略を進める上でロシアにペースを崩されたのではないか。侵攻を事実上支持する形で東西対立の駒を性急に進めざるを得なくなった。

指導者の外交成果を守るために、十四億の国民は隣国の戦争責任の一端を背負わされた。

二つの戦場

ウクライナに滞在する約六千人の中国人は中国政府の外交に振り回された。

ロシアの侵攻の兆候を察知した日米欧は事前にウクライナに滞在する自国民の退避を呼びかけたが、中国は注意喚起にとどめ、数千人が取り残された。ロシアに配慮するあまり、退避が遅れた。

二月二十四日の侵攻後、ウクライナに滞在する中国人の間で「中国大使が逃亡した」とのうわさが流れパニックになった。中国の范先栄駐ウクライナ大使は「絶対に同胞を見捨てない」とデマを打ち消し、沈静化を図った。

退避を試みる中国人に対し、大使館は車で移動する際に外から見える場所に中国国旗を掲げて安全を確保するよう促したが、効果があるはずなかった。侵攻四日後にようやく退避が始まったが、移動中の中国人が銃弾を受けて負傷するなど混乱した。

ウクライナ南部オデッサで暮らす北京出身のプログラマー、王吉賢（このとき三十六歳）はやっとの思いで中国大使館に電話をかけた。「戦争が勃発しています。今後どうすべきか会って相談できますか」と尋ねると、大使館員は「私たちも自宅で仕事をしています。とりあえず現地当局の指示に従ってください」と言った。

大使館は「必要に応じて連絡する」として退避希望リストに記名を促した。王はリストの五千番目だった。自宅の周辺では爆撃音が鳴り響いている。大使館に避難したいと申し出たが、断られた。

黒海を臨む港湾都市のオデッサは美しい。ウクライナはＩＴに精通した技術者が多く、「東欧のシリコンバレー」とも称される。王は数年前から仕事のためオデッサにたびたび滞在し、二〇二一年に移り住んだ。

ソ連風の建物や街のつくりは青少年期を過ごした北京とどこか似ていた。一方で、近代化が進む北京は戻るたびに容貌が変わり、見知らぬ土地のように居心地が悪くなった。

ロシアの侵攻後、王は「武力に屈しない」ことを示すためにもこの地に残ることを選んだ。破壊される街の様子を撮影し、住民目線で交流サイト（ＳＮＳ）に投稿した。スーパーに入荷された新鮮な魚介類や、穏やかに公園を散歩する住民――。空襲警報が鳴り響く中で日常を守る住民の生活を記録した動画は数十万回再生されるようになった。

微信《ウィーチャット》など中国の主要ＳＮＳでも、撃墜されたロシア軍機や民間人の遺体などの動画を共有した。戦争に明確に反対し、プーチンを痛烈に非難した。

しかし習近平がロシア寄りの立場を鮮明にするにつれて、中国の世論もロシア支持に染まっていった。王の動画に対し、中国の愛国主義者らから「売国奴」と批判が殺到するようになった。マスクをかぶり、刃物を持った人物が「お前が帰国したら脳みそをかち割ってやる」と脅迫する映像も届いた。

中国大使館の知人は「米国から金をもらっているのか」と中傷した。親戚からもウクライナを支持する動画を投稿しないよう忠告された。それらの声の裏に、強権への恐怖を感じ取った。中国当局は王の国内のＳＮＳアカウントをすべて閉鎖した。アカウントどころか、王の「顔」まで検閲対象になった。王の動画や写真を転載すれば、エラーメッセージが出たり当局の警告を受けたりした。

帰国すれば飛行機を降りた瞬間に拘束される恐れがある。ロシアが起こした戦争と、祖国からの攻撃。まるで二つの戦場を生きているかのようだった。

オデッサは経済の要衝でもあり、ロシア軍の攻撃対象となった。王の誕生日の四月三日にも自宅近くで爆撃があった。中国政府は国民に正確な情報を伝えず、ウクライナ危機の「元凶」は米国にあるとの宣伝を繰り返す。情報統制下で中国にいる親戚らは「洗脳され」、会話がかみ合わない。ロシア礼賛報道を浴びる祖国の人々と、価値観がずれていくのを感じた。

王は反日を柱とする中国共産党の愛国教育を受けて育った。反日、反米、反ウクライナ。抱えきれないほどの憎しみを背負わされ、人は幸せになれるのだろうか。北京や上海の友人より、自由にネットサーフィンや情報発信できるオデッサのほうがよほど幸せだ――。

私が「なぜリスクを冒してまで発信するのですか」と聞くと、王は心外そうに答えた。

「沈黙は代償を伴わないとでもいうのですか？　私たちが今置かれている状況は、沈黙を続けてきた代償ですよ。まだ足りないとでも？」

三　天井を突き破った日

長安の十日

独裁は往々にしてドアをノックする音から始まる。

ジャーナリストの江雪（このとき四十七歳）は、現実の世界で起きていることから目を背けることができなかった。現実を直視するとは目の前の現象を記録して公開することを意味していた。彼女にいわせれば、それは記者の責務というより、本能に近い。

二〇二一年十二月二十三日、当局は新型コロナウイルスの感染拡大を理由に、陝西省の省都・

西安市でロックダウン（都市封鎖）を開始した。西安は古くは長安や鎬京《こうけい》と呼ばれた。秦、隋、唐など十三の王朝の都が置かれた世界有数の古都だ。

湖北省武漢で「原因不明の肺炎」として新型コロナ感染症が初めて確認されてから二年が経過していた。この間、中国の振る舞いから、世界はあることを学んだ。独裁と感染症対策は驚くほど親和性が高い――。

人に優しい民主主義は、マスクの着用すら強制できない。だが中国式はある意味明快だ。人の動きを完全にストップする。そうすればウイルスは広がらない。

指導者は、感染者数が少なければ少ないほど、欧米などの先進国と比べて政治体制の「優位性」が示されると思い込んだ。社会主義と民主主義の優劣を感染者数という形で数値化する画期的な〝発明〟だった。そうした発想の中から、ウイルスの根絶を目指す「ゼロコロナ政策」が推進されるようになった。ゼロの掛け声の下、「社区」と呼ばれる住民組織やスマートフォンを通じて十四億人を徹底的に監視、管理する体制をあっという間に築いた。

あらゆるレベルの官僚にとって「新規感染ゼロ」は絶対的な目標となった。管轄地域で感染が広がれば首が飛ぶ。日本が採用したような「ウイルスとの共存」は一笑に付された。ある地域で感染者が確認されると、行政は即座に「戦時状態」を宣言し、発症者の行動履歴を公開する。そして大規模なPCR検査を繰り返し、リスク地域の住民は一歩も外に出られず、窓すら自由に開けられない。携帯電話会社のビッグデータなどを駆使して当局の思惑通りに国民を動かす

「戦時」が日常風景となり、〝社会主義の成功〟を支えた。「清零（ウイルスをクリアにしてゼロにする）」というスローガンが悪夢のように人々に纏わりついた。

約千三百万人の住民を抱える西安で感染が広がり始めたのは十二月九日ごろだった。「××で感染者×人」の情報が飛び交い、街はしばらく平穏を保っていたが、年の瀬の喧噪とは異なるざわつきがあった。

ロックダウンの前日。自宅で編集作業をしていた江雪は、どことなく落ち着かなかった。知人から、スーパーが閉鎖になるようだからすぐに食材を買って備蓄するよう連絡があった。駆け付けると、確かに普段と様子が違う。多くの人が買い物籠一杯に食材や日用品を放り込んでいた。

江雪も野菜などを多めに購入して帰宅した。間もなくして、当局がロックダウンの実施を発表した。このときは封鎖が長期化することも、それによって数々の悲劇がもたらされることも予想していなかった。

封鎖当初、世帯ごとに二日間に一人は外出し、買い物することを許された。スーパーや果物店も営業を続けていた。封鎖三日目には雪が降った。

ロックダウンされた都市では、住民は居住区からの外出を大幅に制限され、バスや地下鉄も運休となる。小中学校は休校となり、大学や大半の職場は閉鎖。飲食店、映画館、カラオケ店なども営業停止を迫られ、社会・経済活動が止まる。

新型コロナで初めて都市封鎖を体験したのは、人口約千百万人の武漢（二〇二〇年一～四月）だった。当時は未知のウイルスに人々はパニックになり、医療体制が崩壊。感染による死者が続出した。あれから二年を経てワクチンの接種率は高まり、科学的な知見も蓄積されている。各地で「感染症との戦争に勝利」といった勇ましいスローガンが掲げられていた。

江雪は、武漢のような惨状にはならないだろうと楽観視していた。ただ西安に対する社会の関心の低さが気になった。武漢の封鎖時は国内外から多くの記者が現地入りしたが、封鎖された西安に駆け付けるメディアはほぼ皆無だった。中国全土で戒厳令下のような感染症対策が敷かれており、下手に移動すれば自身が隔離対象となる恐れがあるためだった。メディアの監視がなければ、当局がどんなひどいことをするか分からない。江雪の不安はすぐに現実のものとなる。

ロックダウン五日目。管理が突然厳しくなった。二日に一度だけ許されていた買い物も禁じられ、居住場所から出られなくなった。当局は「年明けの一月四日までに社会的ゼロを達成する」と宣言した。「社会的ゼロ」とは、感染者を片っ端から隔離した上で、新規感染をゼロにすることを意味する。実際、当局は四日までに四万二千人余りを施設に連行し、集中隔離した。

管理強化で物流は凍結された。外に出られないのは仕方がないとして、生活物資をどう調達すればいいのか。赤ん坊のミルクは、常備薬はどうすれば？　人々はすぐに深刻な食糧難に陥った。モノがないわけではないがそれを千三百万人に届ける手段と行政能力がない。市民はやが

取材するジャーナリスト、江雪（本人提供、左から二人目）

て恐ろしい事実に気付いた。「政府はただ人の動きを止めただけだ、何の対策もなく！」ウイルスの根絶が先か、餓死が先かというチキンレースを強いるようなものだった。

江雪は自宅の食材が尽きるかもしれないとの不安があったが、同じ居住区で誰かが困っていると聞きつければ、食糧や食器などをどうにかして届けた。また公益活動に従事する知人と共に、基本的な生活を維持するための市場を開くべきだと呼びかけた。病気の人が薬を買ったり治療を受けたりするための人道的な回廊を設けるべきだと訴える書簡を公開したが、すぐに削除された。

「食事は一日に一度インスタントラーメンを食べるだけ。目まいがする」「PCR検査のために訪れたところ、その家の老人は三日間なにも食べていなかった」「生後二カ月の赤ん坊がいます。妻は母乳が出ず、粉ミルクも五日前になくなりました。政府のホットラインに電話をかけ続けていますが、四日間待たされた挙げ句、『ちょっと待って』との回答でした」「陣痛が始まった妊婦が病院に駆け付けたが、感染対策として受け入れてもらえず、病院の前で流産した」——。交流サイト（SNS）に悲痛な投稿が急増した。

市政府がコロナ対策に関する記者会見を中継すると、コメント欄は「食べ物をくれ」との訴えで埋め尽くされた。すぐにコメント欄そのものが閉鎖された。

不穏な空気の中で年が明けた。街全体が霧で薄暗く、静まり返っていた。

江雪が何気なくスマートフォンを開くと、ある動画が目に飛び込んできた。空腹に耐えかねた若者がこっそり外出して小麦粉を蒸したマントウを買って帰ったところ、コロナ対策を担う係官らに殴打される映像だった。

殴られた弾みで路上に転がる真っ白なマントウ。そのばかげた光景を見て、江雪は胸が張り裂ける音を聞いた。殴った係官もここで暮らす同じ人間じゃないのか。ほんのわずかな権力が人を変えてしまうのだろうか。寒空の下で、お腹をすかせて、わずかなマントウを買いに行った哀れな若者に、どうして暴力を振るえるのだろう。

やっぱり書かないといけない。こんな時代に身を置く記者として、記録する責任がある。この役割は誰かに与えられたものでも、どこかの機関に命じられたものでもない。ただ責任を感じる。確かに恐ろしい。当局の監視は厳しさを増している。権力とどう折り合いをつけてどこまで語ればいいのか。ひるんだときは、大きな時空に身を委ねてみる。すると目に見えている世界がすべてではないと気付く。あえて言えば、時代が与えた役割を感じることができる。

権力が操り人形になれと命じた。「私」は真夜中にこっそりと自宅のドアを開けて外に飛び出し、縄跳びや体操をする。哲学や宗教の本を読むこともある。これが、私が私であるための方法なのだ。

江雪は、西安でロックダウンが始まってから身の回りで起きたこと、見聞きしたことを日記形式で文章にまとめ、「長安の十日」と題してSNSに公開した。

やみくもな移動制限で物流がまひし、大都市がたちまち食料不足に陥ったこと。住民が小さな居住区に閉じ込められ、ボランティアも駆け付けることができないこと。食べ物を求めて外出した若者が居住区の門番に殴打されたこと。一人でも感染すれば居住区の全員が隔離施設に連行される恐怖で皆ぶるぶる震えていること。心臓発作を起こした父が〝中リスク地域〟に住んでいたため病院に受け入れてもらえないと泣いている女性のこと。その父が亡くなったこと——。

江雪はロックダウンがなければ起こりえなかった数々の悲劇を告発した。そして「私たち」を犠牲にして得られた「勝利」の意味を問うた。

この街が、最終的にどれほど壮大にこの苦難を描こうと、私は今夜、父を亡くした女性を想う。泣きながら、見知らぬコロナ対策の係官にナプキンを求めた若い母を、辱められ、傷つき、ないがしろにされた人たちのことを、想う。

記者としてなるべく感情を抑え、事実を淡々と積み上げるよう努めた。一定の旋律を繰り返しながらいつの間にか最高潮に向かうラベルの代表曲「ボレロ」のように、読み進めるほど感情を揺さぶり、多くの人が涙を流した。

マントウを買って殴打された若者も、病院の前で流産した母も、治療が受けられず亡くなった老人も、父を失った娘も、「私」も――。同じ時代を生きている。

「長安の十日」は大きな反響を呼び、瞬く間に全国規模で転載された。人々は転載することで西安市民への共鳴を示した。

コロナ禍に伴う統制下で、江雪の筆は人々を沈黙させるガラスの天井にほんの小さな穴をあけ、視界を押し広げた。それはただの真実の記録にすぎなかった。だが読み手は、行間に込められたメッセージをはっきりと受け取った。

ゼロコロナ政策は人災だ。

青春の記憶

江雪は一九七四年四月、西安と蘭州の中間地点にある甘粛省の古都、天水市に生まれた。幼少期に文化大革命が終わり、改革・開放にかじを切った。物心ついたころはモノが不足していたのを覚えている。地方都市はまだ計画経済の後遺症に悩んでいた。

祖父は一九五〇年代の失政による大飢饉で亡くなった。技術者の父は共産党に不信感を持っていた。父が党の批判をして、母親が「シーっ」と人さし指を口に当てる、そんな環境で育った。

青春の記憶は一九八九年の天安門事件から色を帯びる。当時、北京からはるか遠く離れた小さな郷村の高校生だった。それでも海外メディアや、兄や姉が北京の学校に通っているという同級生らから天安門広場の様子が刻一刻と伝わってきた。

早熟の同級生が「腐敗反対、打倒汚職官僚、平和に座り込みを続ける学生を応援せよ」と鉛筆で書き、〝壁新聞〟を張り付けた。皆、民主化を求めて座り込みを続ける学生たちの運動に興奮していた。教師も生徒も天安門広場の学生を支持していた。

江雪は同級生たちと共に、「北京の天安門広場に座る学生」宛に募金として数十元を送った。それはきちんと届けられたと、今でも信じている。そのささやかな郵便が、小さな街で暮らす思春期の江雪の心を、世界に届けた。外とのつながりを初めて意識した。

それは自由や平等、民主主義といった理想主義、いわゆる価値観の芽生えだった。一九七〇年代生まれの中国人は、直接天安門事件を経験していなくても、多かれ少なかれその影響を受けている。「広義の天安門世代」なのだ。

学生たちの民主化運動は突然、人民解放軍に鎮圧された。テレビやラジオは彼／彼女らを

「暴徒」と繰り返すようになった。社会全体が重苦しく沈黙する中で、一九九〇年代に入った。

鄧小平が南方を視察した一九九二年、江雪は西安の西北政法学院（現西北政法大学）に進学した。同大は法律家を養成する名門大で、共産党・政府の司法部門にも多くの人材を送り出している。江雪も法律を学んだ。

大学は江雪に入党を勧めたが、思想テストに苦しむ同級生を見てまっぴらごめんだ、と思った。クラスメートの多くは政府系の職に就いたが、腐敗だらけの官僚組織に身を置く気になれなかった。

鄧小平が発展至上主義を訴え、市場経済の波がメディア業界にも押し寄せていた。広東省の南方都市報など、調査報道を牽引する南方週末の影響を受けた「都市報」と呼ばれる商業紙が各地で誕生。西安でも華商報が一九九七年に創刊。江雪は二十四歳で入社し、ジャーナリストの道に足を踏み入れた。

このころ、中国でインターネットが急速に普及した。当時は現在のような厳しい規制はなかった。奇跡的に〝言論の自由〟を得た左右の論客は社会問題や政治、哲学について活発に議論を交わした。言論界はにわかに百花繚乱の様相を呈していた。

江雪は自由主義の思想や理念に触れ、目が覚める思いだった。漠然とした記者という職業への意識が鮮明になり、メディア人としての社会的責任を自覚するようになった。

折しも高度経済成長に伴う貧富の格差や環境破壊、官僚腐敗などの問題が噴出していた。江雪は日の当たらない場所に赴き、社会矛盾の被害を受けている人たちの声を聞き、実態を告発した。法律知識を生かした調査報道で頭角を現した。

二〇〇三年、国営中央テレビが社会に影響を及ぼしたとして表彰した八人の記者の一人に江雪が選ばれた。

江雪には記者として譲ることができない価値観があった。それは「人間性への敬意（以人為本）」だ。誰であれ、権力の道具や代償となってはならない。政治によってもたらされる人々の痛みに関心を寄せ、共に傷つき、怒りを込めて筆を走らせた。

一九九〇年代後半から二〇〇〇年代にかけて、中国のメディア人の間には、当局の制限に挑み、言論を押さえつけている天井を突破しようという気概があった。今振り返れば、「黄金時代」だった。そのときは誰も、自分たちが黄金時代にいるとは気付いていなかったが。

二〇一二年に習近平が総書記に就任し、南方週末が言論弾圧を受けた「南週事件」を転換点に、メディアは衰退期に入った。江雪は数え切れないほどの失望や挫折を味わい、二〇一五年に主流メディアを離れ、フリージャーナリストとなった。多くの記者仲間が業界を離れる中で、静かに言論活動を続けた。

監視

白い防護服を着たマスク姿の男二人が、江雪の自宅のドアをたたいた。

「長安の十日」を発表した翌日の二〇二二年一月五日午前十時ごろのことだ。男たちは警察だった。ロックダウンで居住区は封鎖されていたが、〝特権〟で立ち入った。江雪はドアを開けたが中には入れなかった。

警察は江雪の文章が「西安に恥をかかせた」と非難した。江雪は現実に起きたことを記録しただけだと反論した。警察は誤りを認めるよう迫ったが、江雪は「間違ったことはしていない」と拒絶した。三十分ほどやりとりし、警察は「今後文章を発表しないよう」警告して去った。

「長安の十日」の反響は江雪の想像をはるかに超えていた。コロナ政策と称する統制に苦しむ人々が拡散し、触発されて不満をぶちまける人も相次いだ。文章の影響か不明だが、西安の病院が封鎖下でも患者を受け入れると表明するなど事態に改善も見られた。

「この文章を削除しないでください」とのコメントが多数寄せられた。だが発表四日目にSNSの「管理規定」に違反するとして閲覧できなくなった。当局が影響力を無視できなかったとみられる。

西安のロックダウンは一月二十四日に解除された。市政府は解除は「ゼロコロナ」政策の「成果」だと強調した。

都市封鎖は終わったが、江雪への監視は厳しくなった。当局者は事前連絡などせず、自宅の前に突然やって来て、ドアをノックする。それは恐怖でしかなかった。春に西安を離れ、北京の知人宅に身を寄せるなどしたが、常に見張られているような気がして落ち着かない。初夏、カナダに留学中の娘に会うため出国した。そのまま海外での暮らしを続けている。

もしも情報統制がなければ——。江雪は思う。Google で検索すれば天安門事件が何であったのかを知ることができる社会なら、この国は現在のような状況になっていなかったのではないか。誰もが真相を知っていれば、「彼ら」の嘘を信じない。でも知らなければ「人民解放軍が学生たちの反革命暴乱を鎮圧した」との主張を受け入れてしまう。

それでも、メディアを取り巻く環境がどれほどひどくても、誠意のある記録を残したい。見て見ぬふりはできないし、目を閉じたくない。誇張する必要はない。主観的になったりバランスを欠いたりしてもいけない。真実にはそれ自体に力がある。真実さえ示すことができれば、十分に読者の胸を打つことができる。

真実を知れば

北京の秋は美しい。

夏の残り香と冬を予告する風が遠慮がちに溶け合い、槐やプラタナスの葉をまとった日差しがスニーカーのつま先にそっと落ちる。

私が海外にいる江雪と連絡を取ったのは二〇二二年のこの季節だった。北京で暮らしていた私は、何度目かの自宅隔離を強いられ、少し疲れていた。

江雪はそんな私をねぎらってくれた。文章と同じように穏やかな口調だった。「中国の庶民がここまで政府に従順だとは、ちょっと意外でした」と私が言うと、少し押し黙ってから返事した。

プロパガンダの影響力は軽視できません。毎日繰り返し当局の宣伝を聞くうちに、人民の心理や思想は大きな影響を受けます。宣伝は人々の心に恐怖も植え付けるんです。人は真実を語ることを恐れるようになり、自分で判断することを放棄してしまいます。「自分の利益を犠牲にして、国家に貢献しよう」という宣伝を聞き、多くの人が国家のために自身を犠牲にします。自身の利益すら守れないのにどうして国家の利益を守るのか、ということに気付かないのです。

プロパガンダと恐怖。そして服従を選ぶようになります。あなたは長く中国にいるなら、感じるでしょう。メディアに自由があれば、良識のある専門家や責任者を取材して、コロナ感染症に対する科学的な判断を公に示すことができます。ロックダウンの代償により病院に通えずに亡くなる人のことや、時には感染症よりももっと深刻な傷を負う人がいることを示すことができます。こうしたことを報道しなければ、人々はどうやって目を覚ませばいいのでしょうか。真実の報道にすら触れることができず、どうやって目が覚めるのでしょう？

中国ではフェイスブックもＹｏｕＴｕｂｅも見られません。真実を知ることはできません。とても煩わしい。プロパガンダを信じられなくなったとしても、ただ苦しみがあるだけ……（嗚咽）……話していると感情的になってしまいますね。たぶん海外にいても、まだ恐怖があるのね。親が中国にいて、まだ怖いんです。

四　鄧小平時代が退場した日

その芝居の準備はおおむね一年ほど前から始まった。

筋書きはほぼ固まっていた。「万雷の拍手で習近平を三期目の共産党総書記に選出する」という、極めて単純な内容だ。

「拍手を送る役」の選出は慎重に進められた。出演条件は「主人公への絶対的な忠誠」だった。時には主人公役が自ら出演者の候補を面談した。

同時に政治家や官僚、学者たち七十人余りが台本作りに取りかかった。内容はすべて国家機密で、裏方はホテルなどの施設に缶詰にされ、スマートフォンの持ち込みも禁じられた。

特に主人公の台詞を担当する執筆陣は、一九九〇年代に最高指導者の演説の内容を香港メディアに事前に漏らして死刑になった高官の例を聞かされ、機密保持を徹底するようくぎを刺された。

本番でなにが起きるか分からない。キャストが体調不良になったり、台詞が飛んだりといったトラブルは芝居につきものだ。

失敗は許されない。寸分の狂いもなく進行し、成功させることは、党の威信に関わる。

だが結論から言えば、周到な準備にもかかわらず、重大なミスキャストがあった。発覚したときはもう手遅れだった。

開演

二〇二二年十月十六日午前十時、北京の人民大会堂。

軽快な音楽が流れ、赤いネクタイ姿の習近平がにこやかに手を振りながら舞台の下手から登場した。すっかり頭が白くなった胡錦濤前総書記や李克強首相ら新旧指導部メンバーが後に続き、最前列に着席した。百五歳の党長老、宋平や、著名テニス選手が性的関係を迫られたと暴露した張高麗元副首相も姿を見せ、健在ぶりをアピールした。

司会役の李克強が第二十回中国共産党大会の開幕を宣言すると、二千三百人余りの出席者が拍手で応じた。党の最重要人事や政策方針を決める五年に一度の党大会が七日間の日程で始まった。

国歌斉唱の後、習は立ち上がって演台に移動。ひな壇の出席者にぺこりと頭を下げて、一時間四十五分余りにわたる演説を行った。

習が「祖国の完全統一は必ず実現しなければならないし、実現できる」と述べて台湾統一への決意を示すと、二十五秒間ほど拍手が鳴り止まなかった。これが初日のハイライトとなった。予定通りに演説を終えると、李克強が休会を宣言。演説中にひな壇で眠りこける長老もいたが、皆見て見ぬふりをした。

開幕の三日前には、北京中心部の高架橋に習を批判する文言が赤字で記された横断幕が掲げられる騒ぎが起きていた。

「独裁の国賊習近平をストライキ、免職せよ。PCR検査は要らぬがメシがほしい、封鎖は要らぬが自由がほしい、うそは要らぬが尊厳がほしい、文革は要らぬが改革がほしい、領袖は要らぬが選挙がほしい、奴隷ではなく公民になりたい」

交流サイト（SNS）に出回った動画によると、現場では黒煙が上がった。警官らがすぐに横断幕を回収し、オレンジの服を着た人物を連行した。

北京では党大会が滞りなく進むよう大量の警察官や市民ボランティアが動員され、厳戒態勢が敷かれていた。新型コロナウイルス対策を理由に人々の行動を地区封鎖などで厳しく制限し、体制に批判的な人物は事実上の監禁状態に置かれていた。

遺漏のない監視下で抗議行動が表面化するのはまれな事態だった。抗議者にとっては決死の行動だったはずだ。

当局は、横断幕の写真や動画をＳＮＳで転載しただけでアカウントを使用停止にするなどして徹底的に情報を統制した。国営テレビはもちろん騒動に一切触れず、習が最高指導者となって以降の十年間がいかに素晴らしいものであったかを語る人々の声を延々と放映していた。

党大会三日目、次期指導部を構成する中央委員の名簿案が提起された。この名簿に名前があれば、今後五年間の党政を担う栄えあるメンバーに選ばれたことを意味する。逆に慣例の引退年齢の六十八歳に達していないにもかかわらず名前がなければ、引退（落選）ということになる。

既に総書記を二期十年務め、六十九歳だった習の名前は当たり前のように含まれていた。引退の慣例は例外的に破られた。

名簿案は党内の形式的な選挙手続きを経て、正当性が付与された。大会六日目に大会を取り仕切る主席団が名簿案を可決した。

あとは全体会議で名簿案を採択して次期指導部（第二十期中央委員会）を発足させ、習の総書記三期目入りを承認するだけ。それが七日目閉幕日の、そして第二十回党大会の最大の見せ場となる。

長老でなくてもあくびが出るほど、すべては筋書き通りに進んでいるように見えた。

変調

予定調和を破ったのは、胡錦濤（このとき七十九歳）だった。

党大会最終日、今後五年間の政権を担う党中枢メンバーとなる中央委員（約二百人）、中央委員候補、中央規律検査委員会の委員を選出する投票が行われた。新中央委員の名簿には李克強や汪洋・人民政治協商会議主席の名前はなく、退任が決まった。

投票が終わった午前十一時半ごろ、取材のために集まった国内外メディアの立ち入りが許可された。異変はその直後に起きた。

壇上の最前列に座っていた胡錦濤が手元の赤い表紙のファイルを開けようとすると、左隣の栗戦書全人代常務委員長が制止。そわそわと落ち着かない様子の胡を横目に、習が孫紹遜・党中央弁公庁副主任を呼び、何かを耳打ち。係員は胡に退場を促した。胡は明らかに抵抗するそぶりを見せ、席に戻ろうとする。

栗戦書が何か話しかけようとするが、王滬寧・党中央書記局書記が「やめとけ」とばかりに袖を引っ張った。係員が胡の手元のファイルを持ち、孫紹遜が「こちらへ」と促す。胡は脇を抱えられるようにして立ち上がり、舞台袖へ連れて行かれる。

去り際に習に何かを語りかけると、習はやや迷惑そうに受け流した。胡は続けて自らが引き上げた李克強の左肩をぽんとたたき、李は当惑気味に頷いた。

そして観念したようにまっすぐと歩いて退場した。舞台上の党幹部は誰ひとりとして目を合わせようとしなかった。

習の前任の最高指導者が閉幕式を途中退席するという異常事態だが、会場でそれに対する説明はなく、習は何事もなかったかのように審議を進めた。

胡はパーキンソン病を患っていると伝えられる。

ある党関係者は、胡の体調が悪く、習が配慮して退場を指示したと言う。新華社もツイッターに「体調が優れなかった」ためだと英語で投稿した。

だが閉幕式はあと一時間ほどで終わろうとしていた。それぐらい待てなかったのだろうか。胡はなぜ手元のファイルにこだわり、係員はなぜ真っ先にそれを奪ったのか。

私は速報を打つ傍ら、思いつく限りの関係筋に片っ端から連絡した。

舞台裏

胡錦濤が見ようとしていた手元のファイルは、その日に選出された新中央委員名簿だったことが、共同通信が撮影した写真から確認された。

閉幕日の翌二十三日に開かれた第二十期中央委員会第一回総会（一中総会）で、この名簿に基づいて党の最高指導部を構成する政治局常務委員の七人が披露された。序列順に、習近平（留任）、李強・上海市党委員会書記、趙楽際・党中央規律検査委員会書記（留任）、王滬寧・党中央書記局書記（留任）、蔡奇・北京市党委書記、丁薛祥・党中央弁公庁主任、李希・広東省党委書記。

このメンツは多くの中国人やチャイナウオッチャーに衝撃を与えた。いずれも習の地方勤務を支えたか、関係が近い〝お友達〟で、余りにも露骨な「イエスマン体制」だったためだ。習との隔たりが指摘された李克強、汪洋は引退、首相候補の一角だった胡春華副首相は指導部を構成する政治局からも外された。個人独裁を防ぐために党が長い時間をかけて築いた集団指導体制は事実上瓦解した。

ところで、私は党大会取材の過程でこれとは別バージョンの〝指導部名簿〟を耳にしていた。それは党大会の一カ月半ほど前——九月初旬ごろ、香港ルートの情報筋からもたらされた。その名簿によれば、最高指導部の七人は①習近平総書記②李克強・全人代委員長③汪洋首相④趙楽際・政協主席⑤丁薛祥・書記局書記⑥陳敏爾・規律委書記⑦胡春華・副首相。党内のバランスに配慮した穏当な人事だった。

「このリストは正しい」という人が複数いた。情報が正しければスクープになるが、誤報のリスクもある。判断に悩むうちに、台湾メディアが一面トップでこの人事を前打ちし、先を越されてしまった。

私が報じることを躊躇したのには理由があった。「李克強が留任する可能性はゼロ」という、全く逆の情報が党大会開催中に飛び込んできたためだ。結果的にこちらが正しかった。

複数の関係筋の話を総合すると、重要人事については、李克強や胡春華ら習と距離のある人物も残る案がほぼ固まっていた。例外扱いの習を除き、慣例の引退年齢である六十八歳に達したメンバー二人だけが退任し、小幅な交代の予定だった。江沢民元総書記や胡錦濤が聞いていたのはこの穏当案だった。

ところが党大会が迫る中で、あるいは開会中、習に近い側近らから「政治局常務委員を大幅に刷新すべきだ」と世代交代を訴える声が上がった。このことは、新華社が後日談として配信した記事でも示唆されている。記事は、多くの幹部候補者が「党と国家のポストは（安定で揺らがない）〝鉄の椅子〟ではない。年齢が適切だからといって当然のように指名されるわけではない」「昇進すべき人は昇進し、降格すべき人は降格するという新時代の登用の方向性を打ち立てるべきだ」と提言したとした。

習がこうした声に同調する態度を見せたことから、李克強、汪洋は引退を申し出たという。このことも、新華社は示唆している。いわく「一部の党と国家指導者の同志は党と人民の利益を重視し、積極的に引退を申し出て、若い同志に譲った」

指導部人事にはもう一つ、謎があった。二十五人いた政治局員が新体制では二十四人となったのだ。二〇〇七年の第十七回党大会から二十五人体制が維持されていた。胡春華（このとき五十九歳）が最年少にもかかわらず外され、降格しており、この不自然さと関連している可能性がある。

胡春華は李克強と同じ共産主義青年団（共青団）出身。二〇一二年に四十九歳の若さで政治局員に起用された。かつて失脚した孫政才・元重慶市党委員会書記＝収賄罪などで無期懲役＝と共に、習らに続く次世代指導者の有力候補として長く注目されていた。

二〇一八年に副首相に就任してからは、雇用や農村政策、貧困対策など難しい分野を担った。有能な実務家としての評価は高く、李克強の後任首相候補と目されていただけに、降格は「今回の最大のサプライズ」（北京の外交筋）と驚きが広がった。

習は共青団出身者を自身に対抗する勢力として警戒してきた。私は、胡春華が直前になって自ら退いたのではないかと推測している。なぜなら胡春華は二〇一七年の第十九回党大会の際、次期最高指導部入りを望まず、事実上辞退したい意向を伝えていたとの情報が出回っていたためだ。肌の合わない習指導部で、居心地の悪さを感じていたのかもしれない。

やや脱線するが、九十六歳だった江沢民元総書記は党大会開幕式への出席を試みていたという。江は大会の運営を取り仕切る主席団常務委員会のメンバーにもなっていた。だが健康状態のためだろう、姿を見せることはなかった。大会開幕の一カ月半後に白血病に伴う多臓器不全のため上海で死去した。

ある党関係者は江の秘書から伝え聞いた話を教えてくれた。習は、自身の統治を際立たせるため、「新時代」という言葉を多用する。江はこれに嚙みつき、「新時代とはどういう意味だ。それ以前は老時代ということか」という主旨のことを漏らしていたという。

胡錦濤が閉幕日に演じた〝失態〟の真相を、党が明らかにすることはないだろう。少なくとも、胡錦濤は自らが引き立てた李や胡春華らが外された新指導部名簿に不満を抱いていたと伝わる。

江沢民と胡錦濤は個人独裁を防ぐ集団指導体制の確立を目指した鄧小平の遺志を継ぎ権力独

占を戒めてきた。係員に追い立てられるように会場を退く、老いさらばえた胡の姿は「去りゆく鄧小平時代」（中国人記者）を象徴していた。

捨て台詞

私は以上の顚末を党大会閉幕の翌日に報じた。胡錦濤騒動の熱はその後もしばらく冷めなかった。

北京の外交官は「胡錦濤は病気でしょう。共産党の仕組みから、あの場で不満を表明するなどあり得ない」と否定的な見解を述べた。胡錦濤が退場時に語った内容を知りうるのは、人民大会堂のひな壇の周囲にいた習近平、栗戦書、王滬寧、孫紹遜らわずか数人だけ。「だから本当のことは分かるはずがない」とあるメディア関係者は口にした。

確かにやりとりの内容までは分からなかった。ただ政治的な背景を示唆する情報はその後も飛び込んできた。

北京は政治的な街だ。思いもよらない人同士が知り合いだったりする。幼なじみだったり、中学校の同窓だったり。

あのときもそうだった。その人は唐突に「党大会閉幕後に、海峰と会ったよ」と口にした。私はえっと聞き返した。それは取材でもなんでもない。ただコーヒーを飲みながらいつものように雑談をしていただけだった。

胡錦濤が落ち着かない様子を見せ退場する様子を、ひな壇の下でじっと見つめる人物がいた。胡の長男、胡海峰・浙江省麗水市党委書記（当時）だ。胡海峰は二千二百九十六人の第二十回党大会代表の一人だった。

その人は、党大会のために上京した胡海峰との食事に同席したと言った。ほかにも何人か知人がいたのだと。

海峰はその席で、父親の体調に問題はないと語り、騒動の一端を明かしたという。

胡錦濤は退場時に、習近平の左肩をぽんとたたいて、こう言った。

「好自為之」

好自為之——直訳すれば「自らしっかり対処する」。父親が宿題を忘れた子をしかるときに、あるいは上司がミスを犯した部下をいさめるときに使ったりする。「自分でやったことの尻ぬぐいはきちんとしなさい」というニュアンスが込められている。

国家主席の任期を撤廃し、集団指導体制を形骸化させ、鄧小平時代に描いた筋書きを大幅に書き換えた習近平。

その責任は自分で取れ——という鄧小平時代の〝捨て台詞〟だと捉えれば、なんと寒々しい光景だろうか。その傍で聞こえていたかもしれない李克強のこわばった表情が想起される。李はこの約一年後に上海で急死した。

この情報のソースはたった一人。会社の名前で報じるのはためらわれた。

だが私には、胡錦濤の声色までが妙に現実味を持って響くような気がして、個人の責任において書き残すことにする。

さて、一般的に、その芝居の配役にミスキャストがあったかどうかは、観客が判断する。

五　ゼロコロナが崩壊した日

二〇二一年十一月、南アフリカが新型コロナウイルスの新たな変異株の確認情報を世界保健機関（ＷＨＯ）に報告した。

コロナの変異株の名称にはそれまで、ギリシャ文字のアルファベットに基づいて最初の「アルファ」から十二番目の「ミュー」まで使われていた。順当なら次は「ニュー」「クサイ」と続く予定だったが、「ニュー」は「ＮＥＷ」と混同されやすいとして見送られた。そして「クサイ」は習近平の名字と同じ英語表記「ＸＩ」だったことから避けられたとされる。

その結果、新変異株は「オミクロン」と命名された。

似たようなエピソードが古代中国にもある。

秦の時代、始皇帝は人々に自身の名前を使うことを禁じたという。「正月」は始皇帝の名前と同じ音が含まれていたため「端月」に改称されたと伝わる。皇帝の名は軽々しく口にしてはいけない、というのがその後も長く続く不文律となった。

感染力が強いオミクロンは瞬く間に世界に広がり、二〇二一年十二月十三日に中国大陸でも確認された。このちょうど一年後、コロナ対策のためスマートフォンで行動履歴を証明する全国共通のアプリが廃止され、ゼロコロナ政策は名実ともに崩壊する。

振り返ってみれば、オミクロンと習の因縁はその命名のときから始まっていた。

蜂起

「ショッピングモールをご利用のお客様はヘルスコード（スマホを使った健康証明）をお示しください、ショッピングモールをご利用のお客様はヘルスコードをお示しください、ショッピングモールをご利用のお客様はヘルスコードをお示しください……」

毎日、午前十時から午後十時までメガホンから大音量で流れるアナウンスが自宅の部屋まで聞こえてくる。料理をしているときも、読書中も、寝そべっているときも。黄意誠（このとき二十六歳）には、もはや精神を崩壊させるノイズにしか聞こえなかった。

〝ノイズ〟が始まったのは、上海で約二カ月にわたって続けられたロックダウン（都市封鎖）が二〇二二年六月に解除された直後だ。それ以来、もう五カ月も垂れ流されている。

中国に上陸したオミクロンの感染力はすさまじかった。毛細血管のように張り巡らせた党の監視網も軽々しく突破し、人口約二千四百九十万人を抱える上海でも春頃から感染の勢いが止まらなくなった。

ウイルスの根絶を掲げるゼロコロナはもはや現実的ではない。感染症の専門家らは「ウイルスとの共存」への転換を恐る恐る提起した。

最大の経済都市、上海を封鎖すれば社会経済への影響は計り知れない。上海が先陣を切って共存政策にかじを切り、全国でゼロコロナを段階的に解除するソフトランディングへの期待が高まった。

しかしゼロコロナは「社会主義体制の優位性」を世界に示す看板政策と位置付けられていた。習指導部は「『ウイルスとの共存』という誤った思想に反対しなければならない」とウィズコロナの議論を封印。ゼロ政策の正当性を強調する宣伝を本格化させる政治運動を展開した。

かくして上海を完全に密封するという社会実験のような措置が三月下旬から実施された。当局は当初、ロックダウンは数日間程度と示唆したが、結果的には二カ月にもわたった。その間、中国経済の大動脈である上海の物流や消費はストップし、食料品や物資が供給不足になるなど市民生活は大混乱に陥った。

誇り高き上海人の一人、黄意誠はだまし討ちのように家に閉じ込められ、ＰＣＲ検査を強要される日々にプライドがずたずたに傷つけられた。新型コロナ流行初期は中国の防疫対策を肯定的に見ていたが、この頃には政権を心から憎むようになっていた。

ロックダウンが解除された後、PCR検査を拒否するというささやかな抵抗を試みた。当局が「公衆衛生法違反の疑いがある」とたびたび警告したが無視した。心配した父親が息子になりすまして検査を受けようとして警察に一時拘束された。それ以来、当局からとみられる電話が鳴り続けた。「もはやこんな生活は続けられない」。精神がじりじりと追い詰められていくのを感じた。

それでも政権を批判する発想はなかった。まして習近平を名指しで批判するなど考えられない。だからこそ、上海の中心部で「習近平よ退陣せよ」と叫ぶ若者たちの動画を目にしたときは驚愕した。

そのデモは十一月二十六日夜に自然発生的に始まった。ゼロコロナ政策への抗議から、次第に「独裁は要らない、自由がほしい」といった政権批判に発展していった。

同じ上海の若者が行動を起こしたことを知り、黄意誠の中でなにかがはじけた。夜に家を飛び出し、PCR検査を呼びかける居住区の通知書に「検査は要らない、自由がほしい」と書き付けた。

自宅がある居住区はこの日、大規模PCR検査の対象地域となっており、自宅待機要請が出ていた。だが黄意誠は無視し、検査を受けず、二階の窓から飛び降りた。

怖さよりも怒りが勝った。地下鉄に乗って昨晩にデモがあった「ウルムチ中路」に駆け付けると、大勢の若者が押し寄せていた。黄はデモの先頭に立つことはせず、注意深く行動した。数百人の警察が正方形に隊列を組んで集まった人々をにらみつけていた。女性の悲鳴があちこちから聞こえる。警察は手当たり次第にデモ参加者を捕まえ、連行していた。両足をつかまれ、頭を地面に引きずられている女性の姿もあった。

抗議活動の訴えはゼロコロナ政策への不満が大半だが、共産党政権への批判の声も上がった。昨日から続くデモで拘束された人々を「釈放せよ」とのシュプレヒコールが上がり、黄意誠も同調した。だが政治的にセンシティブなスローガンはあえて控えた。

日が暮れると、警察が大型バスを準備し、本格的な排除に乗り出した。黄意誠は「釈放せよ」と叫びながら、やむなく撤退する人々の流れに紛れ込んだ。

去り際に、ふと抗議の先頭集団を目にして、言葉を失った。

前面に立ち警察と対峙しているデモ参加者のほとんどが、若い女性たちだったのだ。

一八四八

一八四八年——と聞くと、歴史がうろ覚えでも心がざわつく。この年、フランスの二月革命を皮切りに欧州各地で君主制国家に対する自由主義の反乱が連鎖反応的に広がった。当時の君主は気が気でなかったに違いない。

全く脈絡のないことかもしれないが、あのとき、北京に駐在していた私は一八四八年革命を追体験するような感覚に陥った。

上海の抗議デモ発生から約二週間前にさかのぼる。

十一月十日、習近平は共産党の最高指導部の会議を主宰し、新型コロナ対策の緩和を協議した。重大方針は習の鶴の一声で決めることが多いが、この日は十月の第二十回党大会を経て新たに選ばれたメンバー七人で決を採った、と内幕を知る中国メディア幹部が明かす。

会議では感染が広がっていた新疆ウイグル自治区のケースなどから、重症化率や死亡率が低いオミクロン株の特性が重視された。首相に就任することが内定していた李強がゼロコロナ政策の緩和を主張。習が「私は緩和に賛成だ」と言うと、他も追随したという。ゼロ政策を続けながらも、隔離期間を短縮するなど緩和を進める方針が決まった。

これを受け、一部の地方都市はコロナ関連の規制を大幅に撤廃した。ところが全土で感染が急拡大し、北京や広東省広州などは行動制限を強化した。ゼロコロナの継続と規制緩和という相反する方針に、地方や市民は振り回され、政策の軌道修正は失敗した。

指導部はこれまで、コロナ対応に苦戦する海外の情報を大々的に取り上げ、中国だけが成功しているとの構図を演出してきた。国民の多くは「他国に比べて犠牲は少ない」と納得して厳しい行動制限を受け入れてきた。だが十一月二十日に開幕したW杯カタール大会がこの構図を突き崩した。

「W杯で現地のファンは誰もマスクを着けていない。彼らは私たちと別の星に暮らしているのか？」。中国のＳＮＳで、中国政府の対応を疑問視する投稿が広がった。すぐに閲覧不能となった。共産党・政府は海外の情報が国内に流入することを厳しく規制しているが、Ｗ杯を遮断するわけにはいかない。当局はＷ杯中継の関係者に「観客のマスク未着用や集団でお祭り騒ぎしている場面を突出させたり、国内のコロナ政策と結び付けたりしない」よう求める内部通達を出した。ただＳＮＳでは、観客席の動画を投稿するなどして抗議する人が相次いだ。

地方政府は感染拡大の責任追及を恐れ緩和に踏み切れず規制強化に傾く。庶民の間では緩和への期待が高かっただけに落胆が激しく、不満に火が付きやすくなっていた。

ゼロコロナは習の看板政策で、他国のような「ウイルスとの共存」戦略への転換は難しい。「中国だけが取り残されている」（ＳＮＳ利用者）との認識が広がる一方、指導部は出口戦略を描けずにいた。当局が右往左往する中、その虚を突くような形で市民は反旗を翻した。

内陸部の重慶市の路上で男性がゼロコロナ政策を批判する演説を行った。「自由がないのなら死んだほうがましだ」「Ｗ杯を見たくないか、広場で盛り上がりたくないか」と熱弁した男性は警察に連行されそうになるが、住民が救出し、観衆から歓喜の声が上がった。十一月二十四日、この動画がＳＮＳで瞬く間に広がった。

この日の夜、新疆ウイグル自治区ウルムチ市で火災が発生。防疫対策による封鎖で救助が遅れたとされ、ゼロコロナの被害を象徴する事件となった。その犠牲に怒りと悲しみを爆発させた群衆が二十五日に「封鎖を解除せよ」と叫びデモを起こした。ウルムチ市のデモに呼応しゼロコロナへの抗議の動きが燎原の火のように全国に拡大した。北京の複数の居住区では封鎖に反対する住民が立ち上がり、解除を勝ち取った。

二十六日、江蘇省南京の学校では全身黒服姿の女性が静かに白い紙を掲げた。抗議と受け止めた学校側がその紙を没収する動画がＳＮＳに投稿されると、コロナ発生から約三年にわたりほぼ校内に閉じ込められ、息が詰まるような閉塞感を抱く全国の若者らを刺激し、白い紙は強権的なゼロコロナ政策に対する抵抗の象徴となった。言論統制により奪われた言葉を取り戻したい願いも込められていた。

同じ日の夜、上海市中心部の火災現場の地名が入る「ウルムチ中路」に、白い紙を持つ人々が続々と集まった。行動制限の解除や習の退陣を求めるシュプレヒコールが上がった。翌二十七日には北京、上海のほか、湖北省武漢、広東省深圳、甘粛省蘭州、吉林省吉林などで抗議行動が確認された。

北京の抗議活動は日本など各国大使館や外資系企業が集中する朝陽区の繁華街で起きた。川沿いにある広場にはウルムチ市で発生した火災の十人の犠牲者を悼む献花台が設けられ、市民が集結した。

参加者が白い紙を掲げて行進を始めると、若者らが続々と合流し、最終的には千人規模まで膨らんだ。

二〇一二年の習指導部発足以降、首都での本格的な政府批判行動は初めてだった。習は党大

ゼロコロナ政策に白い紙を掲げて抗議する人々＝2022年11月27日、北京

会で異例の三期目の総書記に就任したばかり。新指導部を発足させて一カ月余りで、足元の北京で自身の退陣要求を含む抗議デモが起きた。

ただ北京のデモでは、政治体制批判は主流にならなかった。政治的に過激な発言が出るたびに「それ以上踏み込むのはやめよう」「私たちの要求はあくまでロックダウンや隔離の解除だ」と周囲が制止した。政治に敏感な首都の市民らしく、当局に鎮圧の口実を与えない思慮深さが垣間見えた。

習は十二月一日、北京で欧州連合（ＥＵ）のミシェル大統領と会談した。ＥＵ高官によると、習は「コロナの感染が約三年続き、人々が不満を抱いている」と新型コロナを巡る抗議活動に言及し、厳しい規制の緩和を示唆した。

党・政府はオミクロン株の「毒性が弱い」などと強調するようになった。それまでは、新型コロナの重症化や死亡のリスクを強調してゼロコロナを正当化してきたが、感染は怖くないとの宣伝に転じた。ゼロ政策の看板は下ろしていないが、党・政府関係者による政策への言及は明らかに減った。

中国政府は七日にコロナに関する規制の大幅な緩和策を発表した。これまで集中隔離の対象だった無症状や軽症の感染者に自宅隔離を認めた。大規模なPCR検査はせず、縮小する方針を明確にした。行動制限の専用アプリも十三日に廃止。黄意誠を悩ませてきた〝ノイズ〟もこの日からぴたりとやんだ。

対策を大幅に緩和したことで感染者が急増した。PCRの検査体制は破綻した。当局は感染しても報告せず、自宅療養するよう呼びかけ、事実上防疫対策を放棄した。

ゼロコロナは混乱のうちに幕を閉じた。三年にわたる行動制限に嫌気が差していた市民の不満は、封鎖解除でひとまず解消され、抗議行動は収束に向かった。

虚構

新型コロナ流行後、習指導部は国民の行動を徹底管理する強権の強みを生かし、欧米の感染者数や死者数の多さを強調しながら未曾有の疫病すら権力の源泉に変えようとしてきた。

感染症という公衆衛生上の問題を西側との競争と位置付けた時点で、国民の不幸は始まっていた。「勝利の物語」は日常や経済活動の犠牲の上に成り立っていたためだ。戦時体制のような統制にどこまで耐えられるかというストレステスト（耐性評価）のような状態が続き、約三年で臨界点に達した。国民の不満に圧倒される形でコロナ克服の神話は崩れた。

中国共産党がつくり出した数々の物語の中でも、ゼロコロナの神話は余りにも杜撰だった。強引にイデオロギーに昇華させようとしたが、オミクロン株は政治を忖度してくれなかった。党にとって深刻なのは、ゼロコロナ神話が政権の無謬性を誇る虚構の一角を占めていたことだ。いや、自らがそうした状況を作り出してしまっていた。

虚構の大本をたどれば、必ず天安門事件にたどり着く。民主的な社会を求める学生たちを無差別に射殺した事件は、「公権力が制約を受けず、民の権利が保障されない新時代」（鮑彤）を切り開いた。

党は事件について「外部（外国）勢力に煽動された人々が起こした反革命暴乱を鎮圧した」という粗筋にした。その上で党を主役とする中国の成功物語を再編した。経済成長の「奇跡」とシンクロさせることでその物語は一定期間、人々を引き付けることができた。

だが経済成長の前提条件であるグローバル化により、人々は語り部の異なるさまざまな物語に触れることになる。当然の帰結として、たった一つの物語で十四億人を束ねるのには限界が生じている。しかし党は視聴率の下がったテレビドラマを終わらせるわけでも、主役の座を明け渡すのでもなく、視聴者をテレビの前に強引に縛り付けようとしている。

大きな嘘をつき、それを貫き通すためには、無数の嘘を重ね続けなければならない。ゼロコロナへの抗議デモでは、誰かが「この社会でたった一つの声しか許されないというなら、その唯一の声は虚言だ」と叫んだ。

虚構の全体像を知ろうと深入りするほど、監視の目は厳しくなる。

政権は血眼になって白紙運動の〝首謀者〟を探した。北京のデモに参加した編集者曹芷馨《そう・しけい》（このとき二十六歳）ら若い女性たちを次々と拘束し、外国との関わりを問い詰めた。

拘束された人々やその知人の話を総合すると、当局は、ＬＧＢＴＱなど性的少数者の権利擁護を求める国際的な運動と白紙運動を結び付け、「外部勢力が煽動した」との構図を描こうとした形跡がある。主犯格を祭り上げることで、人々を虚構に引き戻そうとする試みとみられる。

しかし首謀者は見つかっていない。見つかるはずがない。党は国民の横のつながりを恐れ、大規模な組織運動など起こせぬよう多様な人々が集まるプラットフォームを徹底的に奪ってきたのだから。

それにしてもなぜ性的被害を告発する動き「＃ＭｅＴｏｏ」やＬＧＢＴＱを恐れるのだろう。そうした人たちは家父長制の社会がつくりだした虚構の本質を見抜いているからかもしれない。「本当の敵は外部勢力ではなく、『私たち』なのだ」という。

遺言

ゼロコロナ政策が崩壊する前夜――二〇二二年十一月九日、天安門事件で失脚した改革派指導者、趙紫陽・元共産党総書記の側近だった鮑彤・元党中央委員が北京で死去した。九十歳だった。
鮑彤は事件で民主化運動の武力弾圧に反対して投獄された。釈放後、党が事件の真相を覆い隠す危険性に警鐘を鳴らし、再評価を訴え続けた。当局は死の直前まで監視下に置いた。病床にあった鮑は天安門事件について振り返る手記を後世に残している。

学生たちが結集して意思表明をしたのは「誤り」であったのか？　私が責任を持って答えよう。断じてそうではない！　いかなる場でも、いかなる主題についてでも、誰でも自身の考えを表明する権利がある。そうした権利は国家、政府、軍や警察の保護を受けるべきであり、抑圧されたり踏みにじられたりすべきではない。これは死んでも変わらぬ私の信念だ。「敗北」したからといって変わるものではない。一九八九年の天安門事件の際の学生たちによる民主化運動は、私の生涯において、わが国が最も誇れる壮挙であった。パワーバランスは所詮パワーバランス、敗北は敗北、善悪は善悪だ。勝利によって勢いづいたところで邪悪なことは邪悪なままだし、また正義は虐殺されたとしても正義なのだ。

終章　「氷の壁」を築いた日

100の氷のブロックに針金でつくった肖像を埋め込んだ「氷の壁」（艾松提供）

頑丈な針金でつくられた、右手の形をした奇妙なオブジェ。中国の玄関口、北京首都国際空港脇の広場で何年も野ざらしとなっていたこの作品が、崩れ落ちた独裁者の手を暗示していることに気付く者はいなかった。だが「反体制」のにおいに敏感になった政権は創作者の意図をかぎつけ、ついに北京郊外にあるアトリエのドアを乱暴にたたいた。

百人の顔

二〇一九年五月八日午前、芸術家、艾松（このとき四十九歳）は予告なしにアトリエを訪れた八人の男の姿に絶句した。警察や公安部門を名乗り、作業場に上がり込んで「こいつらは誰だ」と壁を指さした。

壁面にはびっしりと肖像が掛かっていた。針金を使ったアートを得意とする艾は、二年ほどかけて親交のある人物の顔を作り、目標の百人に達するところだった。

それはあまりにも突然の出来事で、予防措置を取る余裕もなかった。

作品の中には、共産党一党支配体制を否定して収監され、二〇一〇年にノーベル平和賞を受賞後、事実上獄死した民主活動家の劉暁波＝享年（六十一）＝や投獄された人権派弁護士、知識人らの肖像も含まれていた。

艾は百人の肖像の展示会を計画していたが、中止を命じられた。この年は一九八九年の天安門事件から三十年となる節目の年で、当局は民主化を想起させる活動に神経をとがらせていた。展示会は事件と無関係で、ただ親しい知人や身の回りの人物の肖像を、それぞれのコメントを添えて並べるだけの計画だった。

男たちは百人の中から、劉暁波を含む九人の肖像を没収した。いずれも体制に批判的な人物だった。艾が「これは私物だ」と抵抗すると「十月一日の国慶節（建国記念日）に返却する」という答えが返ってきた。

しかし、約束の日を過ぎても作品は戻ってこない。いくら催促しても誠意のある返答はない。それどころか当局は「もうかる仕事だけやっていればいいじゃないか。余計なことをするな」と圧力をかけ続けた。怒りに震えた艾はアートの力で反撃に打って出ることを決めた。

抵抗

艾松の母親は十代で共産党に入った古参党員だ。政府関係の職に就いていたが、一九五七年に改革派知識人が粛清された「反右派闘争」の標的になり、江西省の農家に下放された。二十二歳だった。その後毛沢東が死去し、知識人の名誉回復が進むまでの二十二年間、農村で暮らした。

艾は一九六九年の毛と同じ誕生日に生まれた。母から「党に逆らってはいけない」と言い聞かされて育った。美術学校を卒業し、公共施設のオブジェの製作や設計を手掛けて国際的評価も得た。

次第に表現の自由が制限されていることに窮屈さを覚えるようになった。母の教えに背き、針金で戦車や人民服などをつくり、権力に対する風刺を試みた。針金は痛みや警戒のシンボルだった。

二〇一九年の暮れ、艾は没収を免れた九十一人の肖像を抱え、中国東北部の黒竜江省牡丹江市にある小さな村を訪れた。清の時代に罪人の流刑地だった場所だ。氷点下三十度の山奥で、氷のブロックに肖像を埋め込み、積み上げ、半月ほどかけて巨大な「壁」を完成させた。

雪原を見下ろすように広がる高さ三メートルのオブジェ。氷は国民への統制を、壁は創作を阻む力を象徴していた。百のブロックのうち、九つはあえて作品を入れず、空っぽにし、政権に持ち去られた九人を表現した。

光と影の視覚効果の移り変わりを見るため、二十四時間だけ披露した。現場で作品を目にしたのは友人や村民ら十数人のみだった。展示会が阻止されたことへのささやかな抵抗だった。

メッセージ

「氷の壁」がつくられていた頃、南に二千五百キロほど離れた湖北省武漢市では、新型コロナウイルス感染症が相次いで確認され、瞬く間に国内外に広がった。

習近平指導部は「戦時状態」を宣言し、十四億人の国民の行動を厳しく管理した。権力がこれまで以上に人々の生活の細部にまで入り込むようになった。

没収された肖像のモデルの一人、民主活動家の許志永は政権を転覆しようとした疑いで二〇二〇年二月に拘束された。別のモデルで、活動家を支援していた女性経営者、耿瀟男も同年に連行され、翌年に実刑判決を受けた。一部の肖像が空っぽになった氷の壁が、現実の世界でも再現されていくようだった。

艾への圧力も日増しに強まった。コロナの流行初期に警鐘を鳴らし、デマを流したとして処罰された武漢の医師、李文亮が自らも感染して三十四歳の若さで死んだ時、艾は義憤に駆られ、李の肖像を二時間でつくり上げた。インターネット上に公開すると、大きな反響を呼んだ。

その約一週間後、三人の当局者が艾の元を訪れ「李文亮の作品を宣伝するな。外国勢力の反中工作に利用される」と警告した。

夏ごろから、当局はアトリエの持ち主や周辺住民に対し、艾の立ち退きを暗に迫るなどの嫌がらせを始めた。圧力を受けたオーナーから「諸事情により、契約更新はできない」と通知された。

艾はやむなくアトリエを引き払い、創作の手をしばらく休めた。相手の急所を突き、痛みを与えながら、どこが傷口か分からないアートの構想を練る日々だ。

誰が権力を握ろうと、どんな指導者だろうと関心はない。表現と創作の自由さえあればいい。そんなに悲観することはない。天が最も暗いときは、もうすぐ晴れるときでもある。太陽の光を照り返しながら、春にかけて一滴一滴と溶け落ちる氷の壁は、大切なメッセージを放っていた。

独裁は永遠ではないのだ、と。

あとがき

北京のオフィスで原稿を処理していると、スマートフォンが鳴った。二〇二〇年二月のことだ。画面には中国共産党内改革派の老人の名が表示されていた。私が定期的に事務所を訪れ、意見交換する知識人の一人だった。先方から連絡が来るのは滅多にないことで、嫌な予感がした。

案の定、老人は電話口で「この前、あなたに話したことだが、『上』から警告されてしまった。記事にはしないでほしい」と言った。普段は舌鋒鋭く政権批判をする肝の据わった人なので、そのうわずった口調に違和感を覚えた。

すぐに自分のミスに気付いた。数日前、当局の新型コロナウイルス対応について電話で聞いてしまったのだ。いつもは決してしないが、感染が広がっている時期でもあり、つい電話でやりとりをした。老人は対面で話すときと同じように、国家指導者を名指ししながら舌鋒鋭く非難した。会話は当局に盗聴されていた。

「安心してください、あれはただの雑談ですから、報道することは絶対にありません」。私は盗聴している人物に聞かせるように返答した。

電話を終えても老人のうわずった声が頭から離れない。自分の軽率さを恥じると同時に、取材の仕方を本格的に見直さなければならないと痛感した。

以来、露骨に「取材」するのをやめた。その代わり可能な限り人に会い、耳を傾けた。無意識にはき出される彼／彼女らの何気ない言葉を反芻し、吟味してみる。そこからより確からしい事実と表現を探り当てる。それは空気を食べるような作業だった。

約十年間の北京駐在で数千の記事を書いてきた。そのうちの多くが「中国」「習近平指導部」を主語にしている。主語が大きくなるほど、それに続く言葉は漠然とし、時に空疎なものになる。「中国」「米国」「日本」などといった国家を主語にするとき、国の名によって代表される政治集団が全体のほんの一握りに過ぎないことを意識していた。国名から想起される読者のイメージに頼り、その共同幻想を補強する作業なのだと。だが大きな存在を主語にすると、どうしてもそこからこぼれ落ちる人たちがいる。私が耳を傾けていた人の多くはむしろそうした名もなき人たちで、大きな主語で「中国」を語るのに限界やストレスを感じていた。

国家とか指導者とか、そういう大きなものを後景に追いやり、主客を転倒したいという願望が本書を執筆する動機になっている。その試みは半分成功し、半分は思う通りにならなかった。どうしても大きな枠で捉える癖が抜けないためで、力量不足としか言いようがない。また個人の物語を語ろうとしても、北京を拠点にすると政治の影響を避けて通れない。

米中対立、台湾有事、新冷戦、ナショナリズム、専制主義の台頭、民主主義の危機……大きな物語が叫ばれ、漠然とした不安が煽られる昨今、小さな主語で考えることがいっそう求められていると感じる。大きな主語で語り出すと、無意識にすわりのよい言葉が継ぎ足され、チャットGPTのように型にはまった構文ができあがる。それは思考パターンを縛るのに等しく、自ら判断することの放棄につながる。

お気付きの読者もいるかと思うが、筆者はドイツ出身の思想家ハンナ・アーレントの影響を受けている。北京で暮らし、理解に苦しむ政治現象に直面するたびに「アーレントならどう考える？」と自問し、その著述から多くの啓発を受けた。もちろん知の巨人には足元にも及ばないが、そのことを告白せざるを得ない。

それにしても全体主義を生む大衆心理や社会構造に迫った思想家の二十世紀の憂いが現在進行形であることに改めて戦慄を覚える。

本書の執筆にあたっては多くの方々にお世話になった。とりわけジャーナリスト江雪との対話では、中国の今を報じる意義を再認識させてくれた。友人のJ・Mはいつも鋭い指摘で私に理解の浅さを気付かせ、視界を押し広げてくれた。共同通信中国総局の先輩や同僚、後輩の力強い支えがあったからこそ、中国で伸び伸びと取材することができた。感謝してもしきれない。

外国メディアと接触するリスクを負いながら、多くの中国の人々が私の疑問に答えてくれた。そのほとんどは報じることができないが、一人ひとりの名前や顔、声色まで思い出すことができる。いつかそうした人たちのことを、匿名や仮名ではなく、実名で語れる日が来ることを願っている。

「異色の編集者」として知られ、友人でもある竹園公一朗氏に担当していただいたのは大きな喜びで、その熱意に感謝したい。本書の見解や立場は共同通信とは一切関係なく、文責の全ては筆者が負うものである。

二〇二四年春

大熊雄一郎

著者略歴

大熊雄一郎（おおくま・ゆういちろう）
共同通信社記者。二〇〇九年共同通信社入社。社会部、外信部を経て一一年〜一五年、中国総局で反日デモや党幹部失脚、香港「雨傘運動」などを取材。一七年再度中国総局に赴任し米中貿易摩擦、香港大規模デモ、武漢新型コロナ流行、中国共産党結党百年、北京冬季五輪等を取材。第二十回党大会を巡るスクープなどが国際報道に貢献したと評価され、「ボーン・上田記念国際記者賞」（二〇二二年度）を受賞。

独裁が生まれた日
習近平と虚構の時代

二〇二四年五月一五日　印刷
二〇二四年六月一〇日　発行

著　者　大　熊　雄　一　郎
発行者　岩　堀　雅　己
印刷所　株式会社　三　陽　社
発行所　株式会社　白　水　社

東京都千代田区神田小川町三の二四
電話　営業部〇三（三二九一）七八一一
　　　編集部〇三（三二九一）七八二一
振替　〇〇一九〇‐五‐三三二二八
郵便番号　一〇一‐〇〇五二
www.hakusuisha.co.jp
乱丁・落丁本は、送料小社負担にてお取り替えいたします。

株式会社松岳社

ISBN978-4-560-09291-0
Printed in Japan

真理の語り手
アーレントとウクライナ戦争

重田園江 著

危機の思想家、アーレントがリアルに受け止められる時代に……ウクライナからみた戦争、権威主義では括れない全体主義の全貌を描く。

レーニンの墓（上下）
ソ連帝国最期の日々

デイヴィッド・レムニック 著／三浦元博 訳

ソ連崩壊二〇年後、ゴルバチョフら当時の政治指導者、反体制派の人物多数に取材を重ね、帝国落日に至るまでの知られざる真実に迫る。

新版〈賄賂〉のある暮らし
市場経済化後のカザフスタン

岡 奈津子 著

ソ連崩壊後、独立して計画経済から市場経済に移行したカザフスタン。国のありかたや人びとの生活はどのような変化を遂げたのか。